最新の情報技術と私たちの暮らし

横浜商科大学公開講座

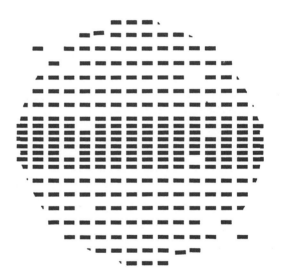

南窓社

はしがき

公開講座運営委員長
柳田義継

本書は、「最新の情報技術と私たちの暮らし」と題して、平成二九年六月一〇日から七月一五日にかけて開催された「平成二九年度・横浜商科大学公開講座」(全六回)における講演の内容をもとに、各回の担当講師が執筆した論文をまとめたものである。

近年、社会の様々な分野で情報技術(ＩＴ)が積極的に活用されている。これらのＩＴの活用は、企業にとって重要なテーマであるだけでなく、個人にとってもＩＴの最新動向を理解し、うまく使いこなすことで、暮らしをより豊かにすることができる。個人の情報発信・コミュニケーションという視点では、ＳＮＳなどのソーシャルメディア(Twitter・Facebook・LINE・Instagramなど)がますます身近になり、家族や友人などと容易にコミュニケーションができるとともに、最新のニュースや地域の情報などを手軽に入手することができる。情報の分析と活用という視点では、ソーシャルメディアで発信されている情報をはじめ、多種多様なデジタルデータが収集できるようになってきた。これらの大容量かつ多様なデータはビッグデータと呼ばれ、企業は顧客から収集した情報を分析し、これをもとによりきめ細かなサービスを提供し、顧客の満足度を高めている。ＩＴの進展は、書籍にも大きな影響を与えている。書籍をデジタルデータ化した電子書籍が普及することによって、書店に出向くことなく、インターネットから電子書籍をダウンロードし、即座に入手することができる。ＩＴを活用する様々なサービスを支える基盤技術も着実に進化している。例えば、ＩＴの様々なサービスの多くはクラウド（インターネット上のサーバ群）を活用しているが、情報を安全に保管し、不測の事態によって消失するリスクを回避するために、情報を複数の場所に分散して保存するといった分散ストレージシステムなどの技術が活用されている。消費者の購買行動の視点では、スマートフォンの普及によって日常生活の消費行動が大きく変化しており、企業はこれに対応するためにリアルとネットをうまく融合させた新たなビジネスモデルをベースにサービスを提供している。金融の視点では、金融とＩＴを融合させたFintechが急速に進展することで、ＩＴを駆使した最先端の金融サービスが続々と提供されるようになってきた。

そこで、今回の講座では、おもに横浜商科大学の経営情報学科に所属する教員を中心に、各々の専門分野の視点から、ＩＴを活用したサービスやそれを取り巻く基盤技術を題材として様々な視点・角度から取り上げ、ＩＴの最新動向と私たちの暮らしとの関係について分かりやすく解説してもらい、最新動向や活用のしかた、課題などを講座受講者で共有した。
今回の企画において、本書の刊行にあたり多大なご尽力をいただいた南窓社の岸村正路様、松本訓子様、佐田光代様に心からの感謝を申し上げたい。また、公開講座の企画と運営において様々なご協力をいただいた本学関係者各位にも、あらためて感謝を申し上げたい。

二〇一八年二月

最新の情報技術と私たちの暮らし　目次

最新の情報技術と私たちの暮らし

暮らしを豊かにするネット活用のしかた
――ソーシャルメディアの活用と地域の情報発信――

柳田義継

はじめに

本論では、ＳＮＳなどのソーシャルメディア（Twitter・Facebook・Instagram など）の暮らしにおける活用や、地域情報発信の活用事例について検討する。

近年、スマートフォンの普及に伴って、ネットを活用した様々なサービスが提供されるようになってきた。代表的なサービスの種類として、「ＳＮＳ（Social Networking Service）」がある。例えば、家族や友人との日常的な連絡に LINE を利用したり、身近な友人や共通の趣味を持つ仲間とのコミュニケーションや情報収集のために Twitter を利用したり、日常の風景をスマートフォンで写真撮影してInstagramに載せて見せ合ったり、仕事でつながった知り合いや卒業した同級生とFacebookを利用して近況をやりとりしたり、といったように、多くの人々が日常生活でSNSを活用している。SNSの他にも、個人が飲食店の評判を掲載する食べログなどの「口コミサイト」、Web上に散らばる情報を特定のテーマで整理した情報が集まるNAVERまとめなどの「まとめサイト」、個人の質問に対して個人が回答するYahoo!知恵袋などの「Q&Aサイト」など、様々なサービスが提供されている。このような、個人が容易に情報発信・コミュニケーションができるサービスのことを、「ソーシャルメディア」という。

個人が日常生活でソーシャルメディアを活用する一方、企業もまたソーシャルメディアを活用している。例えば、Twitterの公式アカウントで新商品情報やキャンペーン情報を発信したり、LINEの公式アカウントで割引クーポンを配布したり、Facebookページで商品の活用シーンを提案している。また、地域での情報発信にもソーシャルメディアが活用されている。地域の商店街では、公式アカウントでイベントの模様や店舗の情報などを発信したり、観光地をはじめ、自治体や団体・大学などでは、公式アカウントを通じて地域の魅力を発信している。個人が日常的に活用しているサービスを使うことで、顧客との距離が近くなり、リアルタイムに情報を伝えることができ、顧客とのコミュニケーションも実現できる。

このような背景から、本論では、ソーシャルメディアの日常生活での活用事例、地域での活用事例を検討することを通じて、暮らしを豊かにするネット活用のしかたについて検討する。

一　ソーシャルメディアの種類と活用方法

(1)　ソーシャルメディアの進展

「ソーシャルメディア」は、個人が容易に情報発信やコミュニケーションができるWeb上のサービスのことである。ソーシャルメディアが一般的になる前のWebは、いわゆるホームページを作って公開するといったように、一部のある程度スキルのある人がWeb上で情報を発信し、多くの利用者は、様々な情報を一方的に受信するといった活用方法が一般的であった。その後、初期のソーシャルメディアとして、例えば価格比較サイトの価格.comや、本・CDなどをはじめ様々な商品を扱うネットショッピングサイトのAmazonなどで、消費者による口コミ情報の発信や消費者どうしのコミュニケーションが行われるようになった。そして、「ブログ」、「SNS」、「Twitter」といった新たなソーシャルメディアが登場した。これらのサービスは、専門的な知識が不要で、個人が容易に情報発信をすることができ、コミュニケーションを支援する機能が充実している。これらのサービスを利用して情報を発信するユーザが爆発的に増加し、またユーザ同士の双方向のコミュニケーションが活発に行われている。

表1　ソーシャルメディアの種類

種類	サービスの例
ブログ	アメーバブログ、Livedoor Blog、Yahoo! ブログなど
SNS	Facebook、LINE、Twitter、Instagram など
写真共有サービス	Instagram、Snapchat、SNOW、Pinterest、Flickr など
動画共有サービス	YouTube、ニコニコ動画、ツイキャス、Periscope など
まとめサイト	NAVER まとめ、Togetter など
口コミサイト	価格.com、食べログ、クックパッド、@cosme など
Q&A サイト	Yahoo! 知恵袋、OKWave、教えて！ goo など
Wiki	Wikipedia など

出所：著者作成。

(2)　ソーシャルメディアの種類

ソーシャルメディアには、以下のような種類がある(表1)。

これらのソーシャルメディアの活用例としては、日常生活を便利にする、友達とコミュニケーションする、写真を楽しむ、動画を楽しむ、様々な情報を知る、共通の趣味で盛り上がる、買い物をする、クーポンを手に入れる、などが挙げられる。

(3)　ブログの特徴と活用のしかた

ブログとは、時系列に記事が掲載され、比較的頻繁に更新されるような日記的なWebサイトのことである。利用にあたって特別な専門知識が不要で、個人が簡単に情報を発信できるため、様々な人々がブログを持ち、多様なテーマで情報を発信している。

ブログの例としては、「ライフハッカー」のような日常生活に役に立つ情報を提供するブログ、「ギズモード・ジャパン」のようなテクノロジー情報を提供するブログ、「ネタフル」のような有名なブロガー(ブログの書き手)のブログ、「雑貨 kUKan」のような特定の趣味やテーマに特化したブログ、「ソーシャルメディアラボ」のような専門分野に特化したブログなどがある。

ブログには、最新の話題を詳しく紹介している、特定のテーマについて深く紹介している、ブログの書き手の視点から考察している、といった特徴がある。そのため、ブログの活用のしかたとしては、例えば次のようなものが挙げられる。

① 最新のまとまった情報を定期的にチェックする
特定の話題について、密度の濃いまとまった情報を読むことができる。

② 特定のテーマ・分野の情報をチェックする
一般的な情報源では得られない、より深い情報を知ることができる。

③ 様々な見方を比較する
ニュースだけでは分からない、様々な角度からの意見を知ることができる。

(4) Twitterの特徴と活用のしかた

Twitterは、一四〇文字以内での投稿(ツイート)によって情報を発信するサービスである。文字数の制限があるため、比較的短い文章を数多く投稿する、といった情報発信が多い。発信される情報は、基本的には不特定多数の人々に公開される。気に入ったアカウントがあった場合、気軽にフォロー(お気に入り登録)することができ、一度フォローすると、それ以降は自分のアカウントのタイムライン(トップページ)にフォローしたアカウントの最新ツイートが表示されるようになる。今起きたことや体験したことなどを気軽に情報発信したり、友達や共通の趣味を持つ人たちと情報共有したり、企業・ブランド・ニュースなどの様々なアカウントから情報収集する、といったかたちで活用されている。

Twitterでは、多くの個人や企業が多数のアカウントを開設している。例えば、ブログの「ライフハッカー」「ギズモード・ジャパン」などブログの更新情報を中心に情報を提供するアカウントや、「毎日新聞」「朝日新聞」「日本経済新聞」「NHKニュース」など最新ニュースを提供するアカウント、「ITmedia」「ITmedia mobile」「週刊アスキー」などIT系の情報を提供するアカウント、「nanapi」「C CHANNEL」など日常生活に役立つ情報を提供するアカウント、「無印良品」「ローソン」「ニッセン」など企業やブランドのアカウントなどがある。

Twitterには、リアルタイムに情報が発信されている、様々な企業・団体・店舗・ブランド・

地域などが情報を発信している、不特定多数のユーザの情報が集まっている、といった特徴がある。そのため、Twitter の活用のしかたとしては、例えば次のようなものが挙げられる。

① 最新ニュースをチェックする

ニュースアカウントを複数フォローしておくと、最新ニュースをリアルタイムに知ることができる。

② 日常生活で利用している店舗や地域の情報をチェックする

近所のお店や地域のアカウントをフォローしておくと、セール・キャンペーン・イベントの情報を手軽に知ることができる。

③ 知りたい情報を Twitter で検索して集める

Google などの検索サービスでは得られない、一般ユーザの生の声や情報を知ることができる。

(5) Facebook の特徴と活用のしかた

Facebook は、SNSのひとつであり、人と人とのつながりを支援するサービスである。

Facebook では、実名での登録が必要となっており、お互いの友達登録は承認が必要であるため、会員制のクローズドな環境の中でリアルの友達や仕事仲間との密度の濃いコミュニケーションが盛んに行われている。

Facebookには、友達同士でのコミュニケーションを支援する機能の他に、Facebookを利用して不特定多数の人々に情報を発信したり情報共有するための「Facebookページ」という機能が用意されている。Facebookページを持つことで、Facebookを通じて不特定多数の人に情報を発信したりコミュニケーションをすることができるため、特に企業やブランドが積極的に公式Facebookページを開設している。

Facebookページの例としては、ブログの「ライフハッカー」「ギズモード・ジャパン」などブログの更新情報を中心に情報を提供するFacebookページや、「毎日新聞」「朝日新聞」「日経新聞」「NHK NEWS WEB」など最新ニュースを提供するFacebookページ、「ITmedia」「ITmedia mobile」「ASCII」などＩＴ系の情報を提供するFacebookページ、「nanapi」「CCHANNEL」など日常生活に役立つ情報を提供するFacebookページ、「無印良品」「ローソン」「ニッセン」など企業やブランドのFacebookページなどがある。

Facebookには、特定のメンバー(家族・友達・仕事の知り合いなど)とだけつながっている、様々な企業・団体・店舗・ブランド・地域などが情報を発信している、といった特徴がある。そのため、Facebookの活用のしかたとしては、例えば次のようなものが挙げられる。

① 家族・友達とクローズドな環境でコミュニケーションする

特定の承認した人とのみコミュニケーションできるしくみのため、比較的気兼ねなく情報発信やコミュニケーションができる。
また、親しい人たちとお互いの近況を投稿してコミュニケーションできる。
② 仕事仲間とコミュニケーションする
Facebookは実名で登録しており、幅広い世代に活用されているため、仕事で知り合った人と友達登録することが多い。

また、仕事仲間とのコミュニケーション手段として活用できる。
③ Facebookページをお気に入り登録して、ニュースをチェックする
Twitterと同様に情報源として活用できる。

(6) LINEの特徴と活用のしかた

LINEは、SNSのひとつであり、友達同士でメッセージをやりとりしたり、グループで情報共有するサービスである。LINEでは、メッセージ機能がサービスの中心となっており、Facebookと同様にお互いの友達登録は承認が必要であるため、会員制のクローズドな環境の中でリアルの友達や仕事の知り合いとの連絡手段として、またクローズドな環境での特定のメンバーとのコミュニケーションツールとして利用されている。LINEが提供する公式アカウント機能には、LINE公式アカウントと、LINE@の二種類がある。LINE公式アカウントは主に

大企業や有名人などが利用しており、LINE@は主に店舗などが利用している。

LINEには、家族や友人など特定の人とのコミュニケーションに活用されている、企業やブランドの公式アカウントなどから最新情報を得る、ニュースサイト等のニュースがLINE上でも見られる、といった特徴がある。そのため、LINEの活用のしかたとしては、例えば次のようなものが挙げられる。

① 電話やメール以外のメインの連絡手段として活用

家族や友人とお互いに友達登録をしておくと、メインの連絡手段として気軽に活用できる。

② 公式アカウントを友達登録して情報収集

企業やブランドの公式アカウントや、近隣の店舗のLINE@アカウントを友達登録しておくと、新商品情報やセール・キャンペーン情報、割引クーポンなどを手軽に得ることができる。

③ ニュースサイトが提供する信頼性の高いニュースをチェックする

各カテゴリのニュースを追加しておくと、定期的にニュースサイトが提供するニュースをチェックできる。

(7) Instagram

Instagramは、SNSのひとつであり、写真を中心に情報発信やコミュニケーションを行うサービスである。Twitterと似たような仕組みのサービスであるが、写真の投稿によって情報発信やコミュニケーションを行うサービスのため、写真をベースに説明文を追加して投稿する、といったかたちで情報発信が行われる。発信される情報は、基本的には不特定多数の人々に公開される。気に入ったアカウントがあった場合、Twitterと同様、気軽にフォロー(お気に入り登録)することができ、一度フォローすると、それ以降は自分のアカウントのタイムライン(トップページ)にフォローしたアカウントの最新の投稿が表示されるようになる。日々の出来事を写真に撮り、撮影した写真を気軽に掲載して情報発信したり、友達や共通の趣味を持つ人たちと写真を介して情報共有したり、企業・ブランドなどの様々なアカウントから情報収集する、といったかたちで活用されている。サービス内で投稿を検索する際には、写真に〝#〟とキーワードを付加した「ハッシュタグ」を付けておくことで、ハッシュタグによる検索が可能となっている。多くの人に投稿を見てもらうためには適切なハッシュタグを付加することが重要となるため、多くの投稿で様々なハッシュタグが付加されている。

Instagramには、写真を中心とした情報発信、コミュニケーション、不特定多数のユーザの情報が集まっている、様々な企業・団体・店舗・ブランド・地域などが情報を発信している、といった特徴がある。そのため、Instagramの活用のしかたとしては、例えば次のようなものが挙げられる。

①　最新情報をチェックする

有名人・アーティスト・レシピ・ブランド・商品・地域などのアカウントを複数フォローしておくと、最新情報を写真を通じて知ることができる。

②　知りたい情報をInstagramで検索して集める

Googleなどの検索サービスでは得られない一般ユーザの生の声や情報、特に写真で知りたい情報などを知ることができる。

二　地域におけるソーシャルメディアを活用した情報発信の実践

(1)　地域における情報発信

個人や大企業だけでなく、店舗・コンビニ・ショッピングモール・商店街・観光地・自治体といった、地域に根ざした企業・団体なども、Webサイトやソーシャルメディアのアカウントを持ち、積極的にこれを活用し情報を発信している。

ここでは、地域における情報発信の例として、商店街の情報発信の取り組みと、大学と行政が連携した情報発信の取り組みについて検討する。

(2) 商店街における情報発信の実践例

① 大口通商店街の取り組み

大口通商店街は、神奈川県横浜市神奈川区にある商店街である。現在、横浜商科大学の佐々徹教授のもと、大口通商店街・横浜商科大学・横浜市による商店街活性化を目的とした商学連携事業を実施しており、その活動の一環として、ＩＴを活用した商店街活性化についての取り組みが行われている。

大口通商店街は、これまでも商店街公式のＷｅｂサイトを開設していたものの、Ｗｅｂサイトの構築・運用のための専門スキルを持った担当者がいないといった人材の問題や、商店街の予算が限られており多大な費用を掛けてＷｅｂサイトを構築・運用するのが困難といった費用の問題があり、リニューアルの必要性に迫られていた。そこで、コストをかけず、ＰＣの操作に慣れていない人でも簡単に更新できるような仕組みでＷｅｂサイト構築した。[1] ＣＭＳ（Content Management System）を導入し、ブログを更新するのと同様の手順で、自らが容易に情報を投稿することができるよう工夫することで、専門スキルを必要とせず、低コストで容易に情報発信することが可能となった。

また、商店街の公式 Twitter アカウント（@waniemon）における情報発信にも取り組んでいる。Ｗｅｂサイトにおける情報発信と比較して、より手軽な情報発信やリアルタイムの情報発信のツールと位置付け、セール情報やイベント情報などをはじめとした様々な情報を発信している。Twitterによる情報発信とＷｅｂサイトによる情報発信と組み合わせることで、より効果的な情報発信の環境を実現している。

② 長津田商店街の取り組み

長津田商店街は、神奈川県横浜市緑区にある商店街である。大口通商店街と同様に、横浜商科大学の佐々徹教授のもと、長津田商店街・横浜商科大学・横浜市による商学連携事業のひとつとして、Ｗｅｂを活用した商店街活性化に取り組んでいる。長津田商店街では、二〇一三年に商店街の公式Ｗｅｂサイト(2)を公開するとともに、公式のTwitterアカウント（@nagatsuta0315）・Facebookページ（「長津田商店街」）をそれぞれ作成し、商店街の担当者が複数名で管理運用している。

Ｗｅｂサイトやソーシャルメディアの活用にあたっては、個別に運用するのではなく、それぞれをうまく連携させながら活用することによって、より大きな効果が期待できる。そこで、これらの連携の流れを図示したＷｅｂサイト・ソーシャルメディア連携モデル(3)を作成し、顧客の流れを把握したうえで、具体的にどのような情報を提供すれば良いのかについて、それぞれのメディアの役割の理解を深め、連携を意識した運用の指針として活用している。Ｗｅｂサイトとソーシャルメディアをうまく連携させることで、顧客とのコミュニケーションを通じて商店街の魅力を伝えるとともに、オンライン（Ｗｅｂ）からオフライン（店舗）へ顧客を誘導することができる。

(3) 行政と大学が連携した地域情報発信の実践例

① 行政による地域情報発信の現状

横浜市鶴見区は、二〇一七年九月に区政九〇周年を迎え、鶴見区制九〇周年記念事業として様々な取り組みが行われている。例えば「千客万来つるみプロモーション事業」として、二〇二〇年の東京オリンピックを背景としたインバウンドの進展を見据え、区外からの集客による地域活性化を視野に入れた様々なプロモーション事業を実施している。

鶴見区は、生活情報・地域情報・イベント等の情報を市民・区民・区外に向けて発信しているが、公的な組織という立場から、例えば区内の飲食店など民間企業の情報を発信することができないといった課題や、イベントの情報発信において主に主催者側の視点からの情報発信にとどまっているといった課題を抱えていた。

② 行政と大学が連携した地域情報発信

そこで、これらの課題を解決するために、二〇一六年七月より、鶴見区内の大学の一つである横浜商科大学と連携し、「鶴見区のＷｅｂでの魅力発信事業」として、公的な組織ではない第三者による情報発信を担う主体として横浜商科大学の学生（おもに筆者のゼミ学生）が中心となり、鶴見区の地域情報の発信に取り組んでいる。

「鶴見区のＷｅｂでの魅力発信事業」は、横浜商科大学と横浜市鶴見区との包括連携協定にもとづく事業のひとつとして実施され、おもな目的としては、横浜商科大学の学生にとって現場の情報発信の実学の場を作ること、地域住民にとって学生・第三者の視点から区の情報を得ることができる媒体を提供すること、が挙げられる。

本事業において学生は、鶴見区の情報を学生視点で情報発信する。鶴見区の祭り、推薦する店、美味しいレストランなどを紹介し、その際、学生は自分の目で見たこと・発見したことを情報発信する。イベントについても、各種イベントの現場に赴き、自分の目で見て感じたことを情報発信する。

③　地域情報発信の方法

情報発信の方法は、まず三～五名のチームに分かれ、チームのメンバーの興味に合わせて鶴見区内で魅力を感じる場所（スポット）やイベントを選定している。およそ月に一回、フィールドワークを実施し、Twitter（@ytsurumiinfo）を利用してリアルタイムに情報発信を行うとともに、スポットやイベントの写真や動画などの素材を収集し、後日それらを活用した情報を、Facebookページ（「横浜つるみの街さんぽ」）、Instagram（@ytsurumiinfo）、公式Ｗｅｂサイト

「横浜つるみの街さんぽ」(4)で情報発信している。

Webによる情報発信を行うにあたっては、各サービスの特徴に合わせて、状況に応じて使い分けている。

Twitterは、スポットやイベントにフィールドワークに訪れた際に、リアルタイムに情報発信するツールとして活用している。一投稿あたりの情報量に制限がある一方で、短時間に頻繁に投稿を行うといった発信に向いているため、スポットやイベントの写真や動画を撮影しながら、その場で情報発信を行っている。臨場感を伝えることが重要なイベントでは、特に積極的に活用しており、イベント開催中に写真や動画を撮影しながらリアルタイムに投稿することで、今まさに体験していることを伝えることができる。

Facebookページは、スポットやイベントのフィールドワークに訪れた後、収集した情報や体験した出来事を整理したうえで一つの情報にまとめて情報発信するツールとして活用している。多くの投稿が、一テーマにつき一投稿といったかたちが多く、比較的まとまった情報を一つの投稿で発信するのに向いている。そのため、Twitterで発信した情報とフィールドワークで収集した写真や動画などの素材を持ち帰り、後日これらをもとに一つの記事として整理して情報発信を行っている。

Instagramは、スポットやイベントのフィールドワークで撮影した写真を投稿し、写真のイメージで魅力を伝えるツールとして活用している。写真ベースのSNSであるため、写真の善し悪しで魅力を伝えられるかどうかが左右される。そのため、フィールドワークで収集した素材の中から、スポットやイベントの特徴を最も良く伝えることができ、写真として魅力的なものを厳選して投稿している。

Webサイトは、Webを活用した地域情報発信の核として、各回のフィールドワークで収集・整理した情報を再構成して掲載している。Webサイトに掲載するコンテンツは、「グルメ」「公園・散歩」「施設」「名所」「寺社」といったカテゴリを用意し、フィールドワークで訪れたスポットの記事をそれぞれのカテゴリに分類している。また、イベントの記事は、上記カテゴリへの分類とともに、「イベント」カテゴリを用意し、鶴見区のイベントを一覧で確認できるようにしている。

Webサイトの環境は、代表的なCMSのひとつWordPressを利用しており、記事作成や編集を学生自らが容易に行うことができる。各チームに専用のアカウントを用意し、チームごとにチームのキャラクターを活かしたコンテンツを作成している。コンテンツ作成の流れとしては、スポットについては、Twitterで発信したツイート、撮影した写真・動画などの素材、Facebookページにまとめた投稿などの素材をもとにブログ記事としてまとめている。イベントについては、上記に加え、Twitterのツイートをブログ形式で保存できるサービスである

Twilogへのリンクも掲載している。当日の模様をより詳しく知りたい人のために、Twilogを利用し、当日のツイートを一覧で確認できるようにしている。地図の表示については、Googleマップを利用して自分の地図を作成し共有できる機能である「Googleマイマップ」を利用しており、これによって複数のスポットを一つの地図に登録し、公開することができる。マイマップを利用して、スポットやイベントを複数登録し、地図からスポットやイベントにアクセスできるようにしている。また、各記事のページに、記事で紹介しているスポットを中央に配置したマップを埋め込み、位置を確認できるよう配慮している。

おわりに

本論では、ソーシャルメディアの活用と地域における情報発信について検討した。ソーシャルメディアを日常的に使うことによって、リアルタイムに情報を得たり、多種多様な情報を得るなど、日常生活の様々な場面で役立てることができる。また、様々な地域がソーシャルメディアを活用して積極的に情報発信しており、自身の活動範囲に関連する店舗などのアカウントをフォロー／お気に入り登録して、日常生活に役立てることができるとともに、地域の主体はソーシャルメディアを活用して地域の人々に効果的に情報を発信し、コミュニケーションすることができる。様々な場面でのソーシャルメディアの積極的な活用が期待される。

注

（1）「大口通商店街」http://www.o-guchi.com/

（2）「長津田商店街」http://nagatsuta-syoutengai.com/

（3）柳田（二〇一六）

（4）「横浜つるみの街さんぽ」http://yokohama-tsurumiinfo.jp/

参考文献

井浦知久『オウンドメディアマーケティング――顧客との関係を創造し、ビジネスを強化する自社メディア戦略』宣伝会議、二〇一二年。

柳田義継「商店街活性化におけるＷｅｂ活用モデルの開発と有効性」『日本情報経営学会誌』第三六巻第三号、三八―四七頁、二〇一六年。

社会を変える新たな情報
――ビッグデータの現状と課題――

永松陽明

はじめに

今日、いろいろな製品や機器がインターネットを通じてシステムとつながるＩｏＴ(Internet of Things)の普及や、Facebook や Twitter に代表されるＳＮＳ(Social Networking Service)の急速な利用拡大により、大量かつ多様なデータが増大している。こうしたデータは「ビッグデータ」と呼ばれている。

このような状況を受け、ビッグデータが新聞などのメディアに登場しない日は少ない。国立国会図書館提供のデータベースである国会図書館サーチを用いて、ビッグデータをキーワード

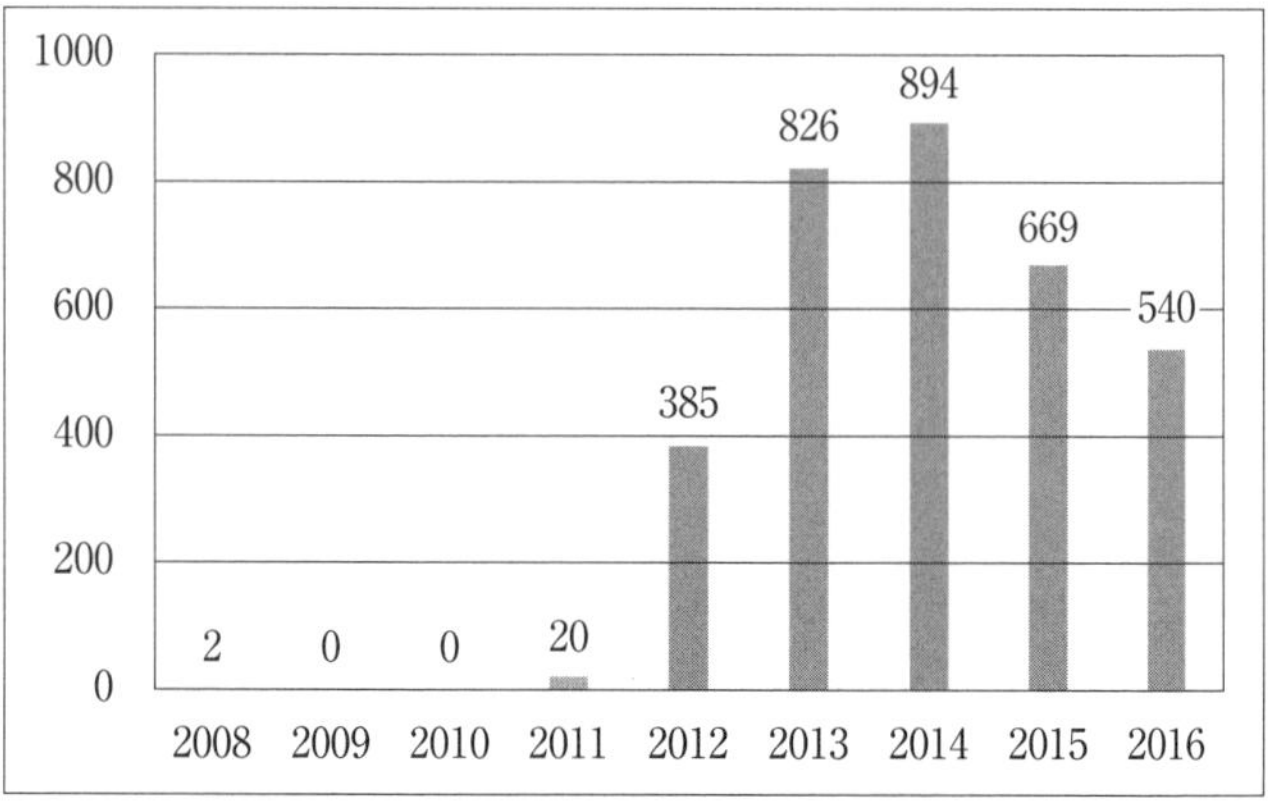

出所：筆者作成。

図１　国会図書館サーチにおける「ビッグデータ」関連資料数の推移（2017年９月29日閲覧）

として関連する資料数の推移を調べた結果、二〇一二年以降の急速な資料増加が見てとれる（図１）。

この傾向だけを見ると、バズワードとしてビッグデータを捉えられる可能性が高いが、ビッグデータ利活用の先進事例は、二〇一二年以前から取り組まれたものが多く、一朝一夕でできたものは少ない。また、その取組みに成功した企業は、高い競争力を手にしていることは周知の事実であり、ビッグデータという語彙が継続的に利用されていくかどうかは別にして、大量かつ多様なデータを解析し、ビジネスに利活用することは今後も続いていくと考えられる。そこで、本稿は、ビッグデータの概要と動向を踏まえた上で、今後のビッグデータに取り組む組織に参考となるためのビッグデータ利活用の先進事例を整理すること、及びビッグデータ利活用を進める上での課題整理を目的とする。

一　ビッグデータの概要と動向

(1)　急増するビッグデータ

Facebook や Amazon.com などが、インターネットの普及により全世界的に利用されている。Facebook のユーザ数は二〇一七年七月時点で二〇億人を超えているだけではなく、アラブの春においては重要なコミュニケーションツールともなった。また、Amazon.com などが手掛けるオンラインショッピングも堅調な成長を続けている。

スマートフォンを代表とする電子機器に搭載されているＧＰＳ(Global Positioning System：全地球測位システム)などの各種センサによる情報創出もビッグデータの急増に拍車をかけている。それらは、小型化、省電力化、低価格化によって、電子機器以外の自動車、建設機械などに積極的に組み込まれている。加えて、ＣＰＵ(Central Processing Unit)やストレージなどのハードウェア、ネットワークなどの性能も指数関数的に進化しており、それらの組合せであるクラウドコンピューティングの普及とも相まって、ビッグデータが増大している。

(2) ビッグデータの種類と特徴

ビッグデータは、大きく「狭義のビッグデータ」と「広義のビッグデータ」に区分される(総務省情報通信国際戦略局情報通信経済室、二〇一三)。狭義のビッグデータはデータそのものを指し、広義のビッグデータは分析技術や人材育成など関連するものまでを含む。さらに狭義のビッグデータについては、定型的に整理されたデータである「構造化データ」と、音声、SNSなどの文字情報、動画などのデータサイズや更新される時間が一様ではなく整理しにくいデータである「非構造化データ」で構成される。狭義のビッグデータは、「高解像度(データ粒度の詳細さ)」、「高頻度(データ収集をするタイミングが頻繁、もしくは随時)」、「多様性(データの種類の豊富さ)」といった特徴を持つ。以上の特徴から、ビッグデータを分析することによって、今まで見えなかったレベルで現実を可視化することができる。

(3) ビッグデータの動向

近年ビッグデータに関心が集まるようになったきっかけは、McKinsey Global Institute(2011)と、二〇一二年のホワイトハウス声明である。

MGI(二〇一一)は、ビッグデータ利活用の経済的なインパクト、分析手法、分析に必要な人材の不足などを論じたレポートである。

ホワイトハウスの声明は、「ビッグデータ研究開発イニシアティブ(Big Data Research and Development Initiative)」と呼ばれ、国立科学財団や国立衛生研究所、国防総省などの六つの政府機関に対して、ビッグデータの利活用に関する研究開発のため、五年にわたり二億ドルを超える予算を割り当てるものである。

以上のレポートと声明はビッグデータに関心を集めたが、関心を集めるに至った根底には、次の三点が重要であったとの指摘がある(樋口、二〇一二)。

・センサの高性能化と低価格化
・クラウドコンピューティング技術の進展とビジネス化
・データ中心科学と言うべき科学研究の第四のパラダイムの登場(Hey et al., 2009)

第四のパラダイムとは、自然科学を中心とした研究方法の変遷をまとめるに当たって、四番目に現れた現在主流になる科学研究のパラダイムであり、ビッグデータの利活用はこのパラダイムに沿ったものだと言える。

以上のきっかけとこれまでの各国、企業、技術の動向を整理する(表1)。

(4) ビッグデータの解析手法

各種センサやストレージ性能などによりビッグデータを収集・蓄積できるようになった一方

表1　ビッグデータをめぐる主な動き

西暦	動　向
2000年	・ビッグデータの原点となった論文が発表される(8月). F. X. Diebold, "Big Data Dynamic Factor Models for Macroeconomic Measurement and Forecasting," Discussion Read to the Eighth World Congress of the Econometric Society, Seattle, 2000. 8.
2002年	・埼玉県の交通政策に活用された本田技研工業の internavi (双方向のカーナビゲーションシステム)サービス開始(10月).
2003年	・Google による Google File System 論文が発表される(10月). S. Ghemawat et al., "The Google File System," 2003.10. Google Website.
2004年	・Facebook 創業(2月). ・Google による MapReduce 論文が発表される(12月). J. Dean and S. Ghemawat, "MapReduce: Simplified Data Processing on Large Clusters," 2004.12. Google Website.
2005年	・T. O'Reilly 氏による Web 2.0のコンセプトが発表される(9月).
2006年	・Google の CEO, E. E. Schmidt 氏によってクラウドコンピューティングが提唱される(8月). "Search Engine Strategies Conference" 2006.8.9. Google Website.
2007年	・Apple, iPhone を初市場投入(6月). ・Apache Software Foundation による Apache Hadoop が発表される(9月).
2008年	・米国大統領選挙においてオバマ陣営が SNS を活用する. ・Microsoft による Fast Search & Transfer 買収(4月).
2009年	・IBM による SPSS 買収(7月).
2010年	・SNS やソーシャルゲームが急拡大.
2011年	・MGI による BigData レポートが発表される(6月). J. Manyika, et al., "Big Data: The Next Frontier for Innovation, Competition, and Productivity," Mckinsey Global Institute, 2011.6. ・Oracle による Endeca 買収(11月).

2012年	ホワイトハウスによる「ビッグデータ研究開発イニシアティブ」声明(3月). ・平成24年度情報通信白書に「ビッグデータ」の項目が記載される(7月).
2013年	・安倍首相による成長戦略第2弾スピーチの中でビッグデータ活用に関する規制・制度改革が示される(1月). ・IBM による「Watson Developers Cloud」サービスが発表される(12月).
2014年	・「産業競争力の強化に関する実行計画」閣議決定(1月). ・IT 総合戦略本部「パーソナルデータの利活用に関する制度改正大綱」を決定(6月).
2015年	・「個人情報の保護に関する法律及び行政手続きにおける特定の個人を識別するための番号の利用等に関する法律の一部を改正する法律(個人情報保護法改正)」の成立(9月).
2016年	・経済産業省による「IT 人材の最新動向と将来推計に関する調査結果」が発表され、人工知能や IoT などの先端技術分野で大幅な人材不足が指摘される(6月).
2017年	・国内初のデータサイエンス学部(滋賀大学)学生受入開始(4月). ・改正個人情報保護法の施行(5月).

出所：永松(2015)を基に筆者作成。

で、それらのデータには処理・解析に使えないデータ、いわゆるノイズも多く含まれる。データの解析を行うためには、不必要なデータやノイズを除去することが必須である。

また、データの解析については、様々な手法がある(表2)。表2は手法の代表例を示しており、挙げた手法は同じ粒度にそろえた体系化ができていないことに留意されたい。例えば、データマイニングには、クラスタリングを含む場合もある。

表2に示した解析手法はビッグデータ特有の方法ではなく、従来

から利用されているものである。しかし、「高解像度」「高頻度」「多様性」というビッグデータの特徴に合わせて用いるところにビッグデータ解析の難しさがある。

解析手法の使い方は、三パターンある。一番目のパターンは、表2に示した手法のうち一手法を用いて結果を得る方法である。二番目のパターンは、アンサンブル分析と呼ばれ、一つの手法で結果を得るのではなく、複数の手法を用いて、それらの結果を勘案して最終的な結果を得る方法である。三番目のパターンは、コモディティモデルと呼ばれ、分析を自動化して結果を得る方法である。一番目及び二番目のパターンは、統計学を踏まえて、有意性が高い結果のもののみを利用するが、コモディティモデルでは処理・解析に採用を決めた手法から得た計算結果をそのまま信頼し利活用する。コモディティモデルは、膨大なビッグデータを効率的かつ低コストに処理するために採用される。

また、ビッグデータを分析する実務者や研究者の分析に対する考え方は二種類ある。一つ目の考え方は、指標間の因果関係を踏まえた統計学的な考え方であり、因果推論をベースとするものである。この考え方では、データの持つ時刻情報を取り込むことで、結果から因果関係を推論することができると主張している。二つ目の考え方は、複雑な計算をせず迅速に結果を求め、その結果について利用者が妥当性や因果関係を想定し、その活用を考える情報論的なものである。この考え方では、大規模なデータ解析において、迅速に計算を行えるため、探索的な

表2　解析手法の代表例

手法名	概　　要
機械学習	人間が行っている学習能力をコンピュータに実装する手法のことで，データから規則性を見つけ，予測まで行うことを実現．音声認識や画像認識，機器の故障予測など広範囲に適用可能．
データマイニング	Mining(採掘)の持つ意味の通り大量に蓄積されたデータを深く掘り下げて，相互関係や因果関係を探索する手法．具体的には，「クラスタリング」など下記の手法群を用いて，機械的に関係性やパターンなどを発見．
クラスタリング	データの中で似ているもの同士をまとめて，いくつかのグループに分類する手法．
ニューラルネットワーク	脳の神経回路(ニューロン)の計算方式を模倣した手法であり，機械学習を実現する計算方法の一種．
回帰分析	ある変数(従属変数)がいくつかの変数(目的変数)によって関係付けられると想定される場合，その関係を定量的に求めることができる手法．
決定木(ディシジョンツリー)	予測や分類のために，意思や行動を決定するまでの条件をツリー状にした手法．１つの条件に対して，YESの場合とNOの場合それぞれの分岐(処理)を記述．
アソシエーション分析(相関分析)	マーケットバスケット分析とも呼ばれ，２つ以上の変数の相関関係を明らかにすることができる手法．ただし，因果関係のない場合にも，相関関係が高い結果になる場合もあるため，区別して用いる必要がある．
自然言語処理	言語をコンピュータで解析する手法．具体的には，文を意味が分かる最小意味単位に分解する「形態素解析」や各単語の出現頻度をカウントする「頻度分析」など．
セマンティック分析	検索文章内の品詞間の関連性などから言葉の意味を解析して精度を向上させる検索手法．

リンクマイニング	SNSやWebページのリンク構造，論文の引用関係など様々なネットワークのつながりを分析する手法．ネットワーク分析あるいは，SNSを分析する場合はソーシャルグラフなどとも呼称．
A/Bテスト	ウェブサイト最適化のため，複数のバージョンを同時に提供して，どちらかが好評かテストする手法．

出所：城田(2012)及び永松(2014)を基に筆者作成。

アプローチが可能となり、膨大なデータに埋もれた傾向を抽出できると主張している。

二　利活用の先進事例整理

(1)　事例整理フレームワーク

ビッグデータを利活用していくためのフローを「ねらいの明確化」「ビッグデータの収集・蓄積・管理」「ビッグデータの処理・解析」「解析結果の利活用」「効果」「課題」の六つのステップで構成されるとして、ビッグデータ利活用の事例整理フレームワークを設定する(図2)。

(2)　コマツの事例

先行事例であるコマツの取組みをフレームワークに沿って整理する(図3)。

コマツは油圧ショベルなどの建設機械に温度などの各種センサや通信機器を組み込み、稼働情報を収集・解析するシステムを構築し

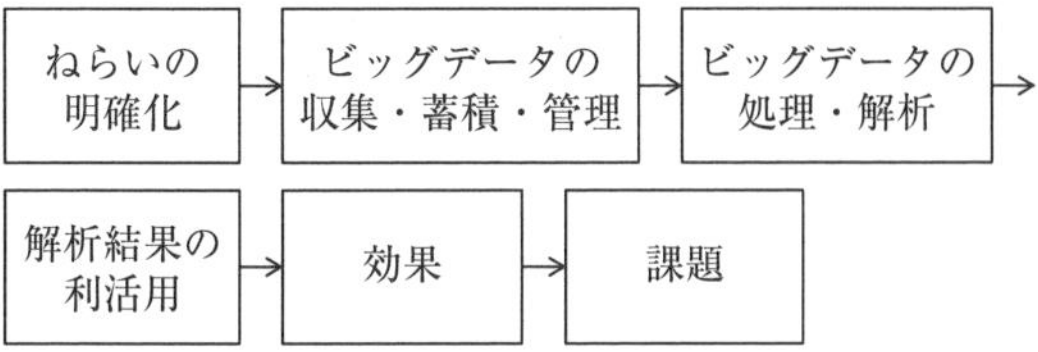

出所：永松(2016)。

図2　ビッグデータ利活用の事例整理フレームワーク

ている。このシステムは、①部品状況が把握可能になるため、故障・消耗する前に交換が可能になり、鉱山などでの二四時間稼働の実現に寄与、②地域での稼働状況が把握できるため、需要予測ができ、生産計画にフィードバック可能、③顧客の燃費動向及び稼働情報を把握できるため、効率的な運転をコンサルティング、④位置情報が把握できるため、盗難防止が可能、⑤債権回収ができていない顧客の機械を停止させ、その回収に活用など、様々に利用されている。以上のサービスをKOMTRAX(Komatsu Machine Tracking System)と名付け、全世界に展開している。

そして、コマツはKOMTRAXで収集した情報を工場などでモニタリングできる仕組みを構築している。しかし、このようにビッグデータである稼働情報を活用できているコマツにおいても、インドネシアにおける需要予測が実績とかい離したため、二〇一四年三月期において大幅な業績下方修正を行った。ビッグデータの分析、可視化は容易であっても、ビッグデータを利活用し、効果を上げ続けていくことは難しい。このような失敗経験を踏まえた計算モデルの

図3　コマツによる KOMTRAX の取組み

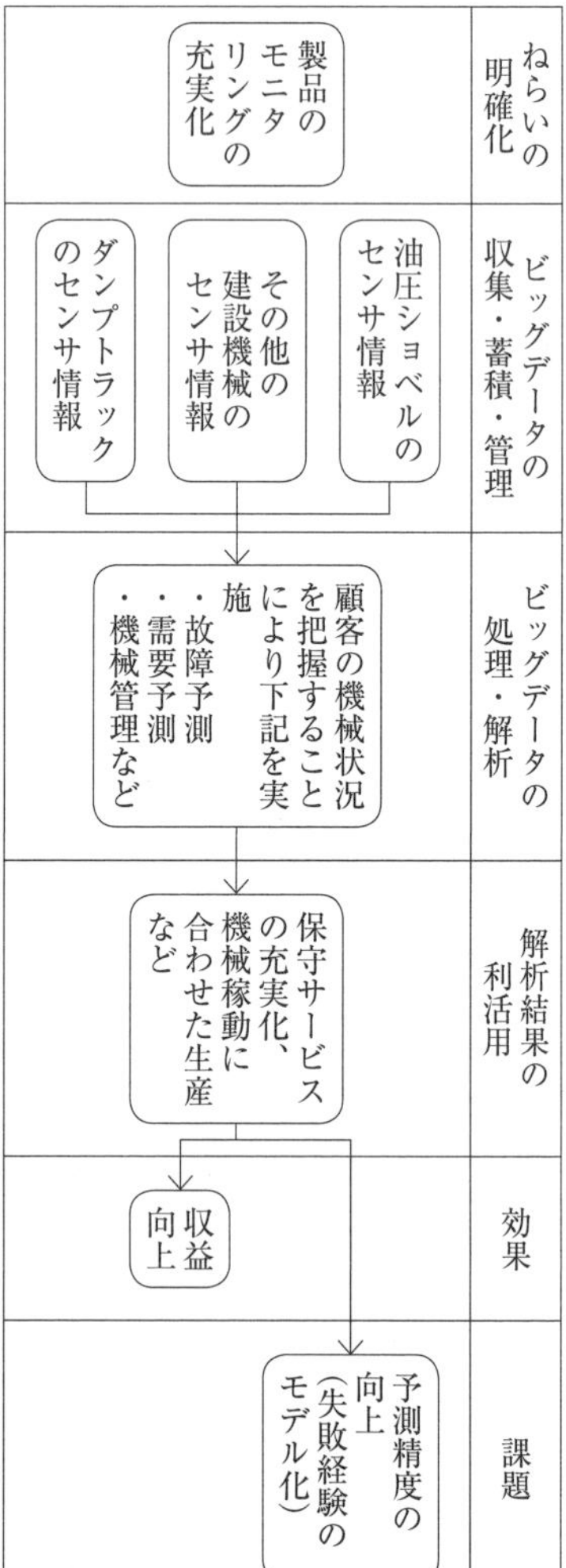

出所：永松(二〇一六)。

作成が、今後求められる。

(3)　Tポイント・ジャパンの事例

次に、Tポイント・ジャパンの取組みをフレームワークに沿って整理する(図4)。

Tポイントカードを運営するTポイント・ジャパンでは、親会社であるカルチュア・コンビニエンス・クラブが展開するTSUTAYAに加えファミリーマート、マルエツ、カメラのキタムラなどの加盟店から得る顧客の商品購入履歴を分析し、潜在的な顧客の掘起しを行っている。加盟店が販売促進を行うために、Tポイントに対して潜在的な顧客へのクーポン発券の依

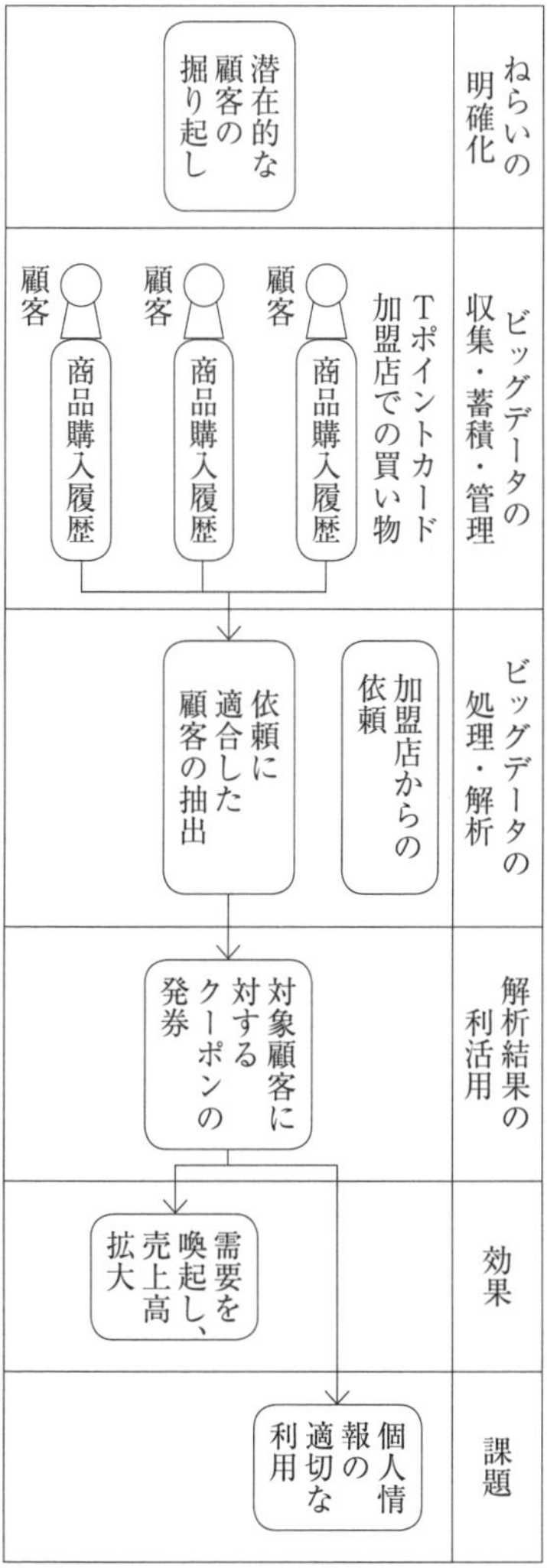

図4　Tポイント・ジャパンによる潜在的な顧客の掘り起しの取組み

出所：永松(二〇一六)。

頼があった場合、Tポイントは顧客のこれまでの購買履歴から対象顧客を抽出し、TSUTAYAなどで発券を行う。それによって、需要が喚起され売上高の拡大を実現している。ファミリーマートでは、対象を絞らないばらまき型のクーポン発券の利用率は二〜三％であるが、分析を行って対象を絞ったクーポンの利用率は一〇％程度になっている。

成果を残している反面、二〇一二年七月に、ドラックストアのウェルシアなどから得た顧客データを用いて販売促進を行った件が新聞で大きく報道された。薬の情報は非常に高いプライバシー保持が必要であるとともに、顧客の承諾を得ずに活用すると刑法などにも抵触するおそれがあり、反響は大きかった。この件から、個人情報（パーソナルデータ）の適切な利用が、大きな課題ということがわかる。

三　課題の整理

日本経済新聞と日経BP社によるビッグデータ関連調査によると、日本の経営者が国に期待する取組みとして、「データ活用とプライバシー保護を両立するルールづくり」「国や地方公共団体が持つデータの公開」「データ人材の育成」を挙げている。期待が高いことは、裏がえせばその点において課題があるとも考えられる。また、経営者がビッグデータを活用しきれていないとの指摘もある。そこで、本節では⑴パーソナルデータの活用、⑵オープンデータの活用、

⑶データ活用人材の育成、⑷分析結果に基づく意思決定の困難性を課題として論じる。

⑴　パーソナルデータの活用

二〇一三年六月に、東日本旅客鉄道（ＪＲ東日本）が展開するＩＣカード乗車券の「Ｓｕｉｃａ」の乗車や購買履歴情報を日立製作所に提供し、同社がその分析結果を小売業や広告企業に販売しようとしたことも問題となった。ＪＲ東日本が日立に提供したデータは、一定の匿名化処理がされていたが、抗議が殺到した。Ｓｕｉｃａ履歴データの販売は事前に会員に対する説明がされていなかったことや、オプトアウト（利用停止）が可能であることも告知されていなかったことなどが大きな要因になったと考えられる。前述したＴポイント・ジャパンの例もこの種の課題と考えられる。

以上のように、パーソナルデータの活用には、顧客からの大きな抵抗が存在する。一方、診療報酬明細書のデータを解析することで、医療費を増加させている要因を見つけ、医療費適正化を図ることもできるなど、パーソナルデータの活用による効果も大きいと考えられている。そのため、パーソナルデータの活用とプライバシー保護が両立するルールづくりが求められていた。このような中で二〇一五年九月に「個人情報の保護に関する法律及び行政手続きにおける特定の個人を識別するための番号の利用等に関する法律の一部を改正する法律」、つまり、個人情報保護法が改正され、二〇一七年五月に施行された。そのポイントを左記にまとめる（大豆生田、二〇一五）。

・個人情報保護委員会を新設
・「匿名加工情報」の枠組みを新設
・個人情報の定義を明確化
・名簿屋対策を強化
・グローバル化に対応
・三年ごとの内容の見直し

特に、個人を識別できないように個人データを加工して、なおかつ個人情報を復元できないようにしたデータである「匿名加工情報」は、ビジネスに積極的に活用できると考えられる。しかし、データ加工企業は個人識別をするために他情報との照合することを禁止されるなど、義務も課せられた。義務を順守しつつ、ビジネスにパーソナルデータを積極的に活用する活動が、企業には求められる。

(2) オープンデータの活用

オープンデータとは、国や地方公共団体が持つ様々なデータを二次利用が可能な形で民間に開放することにより、民間主導で多様な公共サービスが創造されることを目指す動きを指す。「世界最先端ＩＴ国家創造宣言」において、その推進が盛り込まれており、各省庁から二次利用可能な形式で多くのデータの公開が始まっている。また、地方自治体においても神奈川県横浜市などで先行的に取組みが行われている。

以上のオープンデータ化を進めるに当たって、地方自治体では、「具体的な活用のイメージやニーズの明確化」「提供側の効果・メリットの具体化」などの活用イメージが把握されていないことや、「個人情報等の機微情報の扱いに関する整理」「提供情報の内容詳細・費用負担等の調整」に問題が存在するとの調査がある。

(3) データ活用人材の育成

ＭＧＩ（二〇一一）では、二〇〇八年における各国の Deep Analytical Talent と呼ぶ大学卒業生の数を挙げており、米国の二万五〇〇〇人程度に対して日本は三四〇〇人程度で遥かに少ないことを指摘している。日本では、大学・大学院に統計学科や統計学専攻を設けずに、分野別の研究テーマに取り組むことにより、関連人材を育成してきた。この方法は、現場に精通した実践的な人材育成の観点からは大きな成果があったとされる。しかし、ビッグデータの利活用が活発化する中で、データ科学の知識のある人材の争奪戦が起こるなど、統計学の知見がある人材に対する需要は急増している。加えて、分野別の研究テーマに取り組むことから、応用が利きにくい人材が育成されがちであるとして、統計学の系統的な教育が必要とされていた。

このような背景を受け、データサイエンス人材の育成が始まりつつある。二〇一七年四月には滋賀大学が国内初のデータサイエンス学部に学生を受け入れ始めた。今後も横浜市立大学などが追随する予定であり、人材育成に関しては取組みが徐々に本格化する。

(4) 分析結果に基づく意思決定の困難性

ビッグデータによって意思決定の参考となる情報の収集及び可視化が容易になりつつある。それらの情報をモニタリングしながら意思決定できるシステム(Business Intelligence、経営コックピットなどと呼ばれる)が脚光を浴びている。前述したように、コマツはインドネシアで活用することができなかった。その他の導入企業においても芳しい成果の報告は少ない。ビッグデータの分析、可視化は容易であっても、ビッグデータを利活用し、効果を上げ続けていくことは難しい。このような経験をモデル化していくことが、今後求められる。

おわりに

以上、本稿ではビッグデータの概要や動向を踏まえた上で、今後のビッグデータに取り組む組織に参考となるためのビッグデータ利活用の先進事例を整理すること、及びビッグデータ利活用を進める上での課題整理を目的として、論を進めてきた。

まず、ビッグデータの急増やビッグデータの種類、特徴、ビッグデータをめぐる主な動きを整理した。ビッグデータの急増については、SNSやAmazon.comの全世界的な利用やセンサの普及などが要因であることや、その種類に関しては「構造化データ」「非構造化データ」があることを述べた。特徴は、「高解像度」「高頻度」「多様性」の三点があることを説明した。加えて、ビッグデータの解析手法についても整理した。

次に、①ねらいの明確化、②ビッグデータの収集・蓄積・管理、③ビッグデータの処理・解析、④解析結果の利活用、⑤効果、⑥課題の六つのステップで構成される事例整理フレームワークを用いて、コマツやTポイント・ジャパンといった先進利活用事例を整理した。

課題の整理では、(1)パーソナルデータの活用、(2)オープンデータの活用、(3)データ活用人材の育成、(4)分析結果に基づく意思決定の困難性について説明を行った。とりわけ、ビッグデータ分析結果を活用した意思決定の精度向上が期待される。

参考文献
大豆生田崇志(二〇一五)「個人情報『活用』法へ　一〇年ぶり保護法改正の読み解き方」『日経コンピュータ』第八九二号、二二―三九頁。

総務省情報通信国際戦略局情報通信経済室(二〇一三)「情報流通・蓄積量の計測手法に係る調査研究報告書」五頁。http://www.soumu.go.jp/johotsusintokei/linkdata/h25_03_houkoku.pdf (二〇一七年九月二九日最終閲覧)。

城田真琴(二〇一二)『ビッグデータの衝撃』東洋経済新報社。

永松陽明(二〇一四)「ビッグデータ」野々山隆幸編著『最新ＩＴを活用する経営情報論』テン・ブックス。

永松陽明(二〇一五)「ビッグデータ利活用における現状と課題」国立国会図書調査及び立法考査局編『情報通信をめぐる諸課題――科学技術に関する調査プロジェクト調査報告書』国立国会図書館、四七―六七頁。

永松陽明(二〇一六)「ビッグデータ利活用における課題整理」『日本情報経営学会誌』第三六巻第四号、三一―一一頁。

樋口知之(二〇一二)「ビッグデータと個人化技術」『統計』第六三巻第九号、二―九頁。

丸山宏(二〇一三)「データに基づく意思決定」『ESTRELLA』第二三一号、二―七頁。

Hey, T., et al., eds. (2009) "The Forth Paradigm: Data-Insentive Scientific Discovery," Microsoft Research. https://www.microsoft.com/en-us/research/publication/fourth-paradigm-data-intensive-scientific-discovery/ (二〇一七年九月二九日最終閲覧).

Manyika, J., et al. (2011) "Big Data: The next frontier for innovation, copetition, and productivity," McKinsey Global Institute, https://www.mckinsey.com/business-functions/digital-mckinsey/our-insights/big-data-the-next-frontier-for-innovation (二〇一七年九月二九日最終閲覧).

効率的な情報収集と配信を支える技術
――電子書籍とその配信の仕組みを中心として――

高橋篤史
浮田善文

はじめに

近年の電子書籍の市場は、スマートフォンをはじめとする電子書籍の閲覧が可能なモバイル端末の普及とともに、急速に成長してきた。今日での「電子書籍」は、注目される新サービスという位置から、スマートフォンにおける普段使いのサービスとして定着しつつある。

しかし当初予想されていたような、ただ紙の本を電子化するだけのものではなく、新しい市

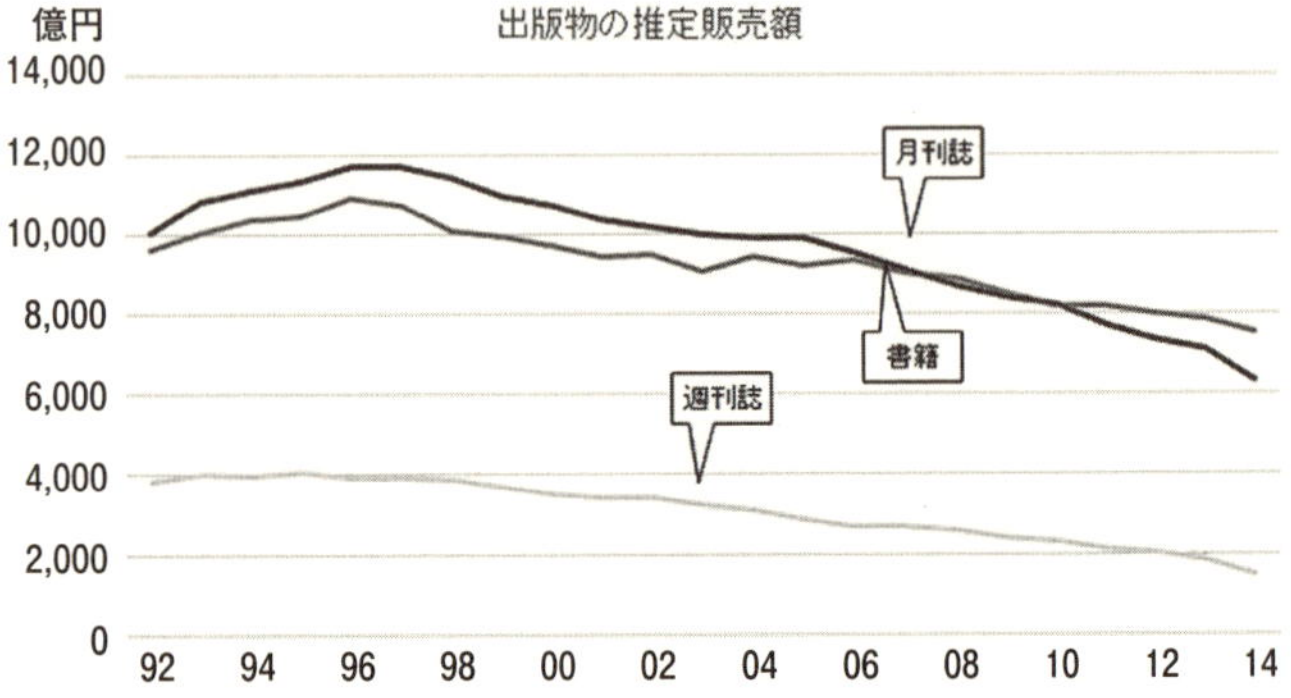

出所：2015出版指標年報。http://www.ajpea.or.jp/statistics

図1　日本の出版販売額(取次ルート)

場、新しいサービスと読者を作り、独自の成長を遂げている。ここでは、電子書籍の特徴とその配信の仕組みから、新しいビジネスが生まれ成長している事由を知り、そしてより身近な出版形態としての活用を考えていきたい。

一　電子書籍について

(1) 紙の出版市場の縮小と電子書籍の成長

紙の出版の市場は、一九九七年頃より継続して減少傾向にあり、刊行物の数は増加しているものの、販売額は長らく減少傾向にある(図1)。

分野別にみると、「書籍」に関しては減少傾向ではあるものの、ブームを起こすような作品が生まれるタイミングでは盛り返しも見られ、まだ「紙の書籍」の強さを感じさせる面もある。しかし販売額の減少にもかかわらず新刊点数自体は増え続けるという逆転的状況が続いている。

一方、「雑誌」の販売額の減少傾向は顕著で、販売面でも広告面でも減少傾向は変わらない。また休刊点数も創刊点数を上回っており、まさに市場自体が縮小しているのが見て取れるだろう。要因の一つに、若者の活字離れが言われるように、中高年の読者が引き続きの習慣として購読するのみで、若者向けの販売は苦戦を強いられているようだ。

さらに雑誌の中でも「コミック」の分野に目を向けると、「コミックス」の売り上げは横這いの推移だが、やはり「コミック誌」の売り上げが減少し、全体としては縮小傾向にある。ここでも定期的に雑誌を購読するという生活のスタイル自体が失われつつあることがうかがえる。では電子書籍の市場に目を向けてみると、二〇一六年度では「書籍・雑誌」を合わせると二〇〇〇億円を超え、前年比で二五％近い成長を遂げており、今後も着実な市場の成長が予測されている(図2)。

またこの数字には書籍・雑誌の個々単位の販売だけでなく、電子書籍ならではの販売方法である「月額定額」や「読み放題」などの従来の紙の出版とは違った新しいビジネスモデルも含まれている。このような定額読み放題のサービスについては電子書籍に限らず、動画配信など様々なデジタル配信のエンターテインメント分野でもユーザの支持を得て拡大傾向にあり、今後のビジネスの成長と市場自体への貢献が期待できる。

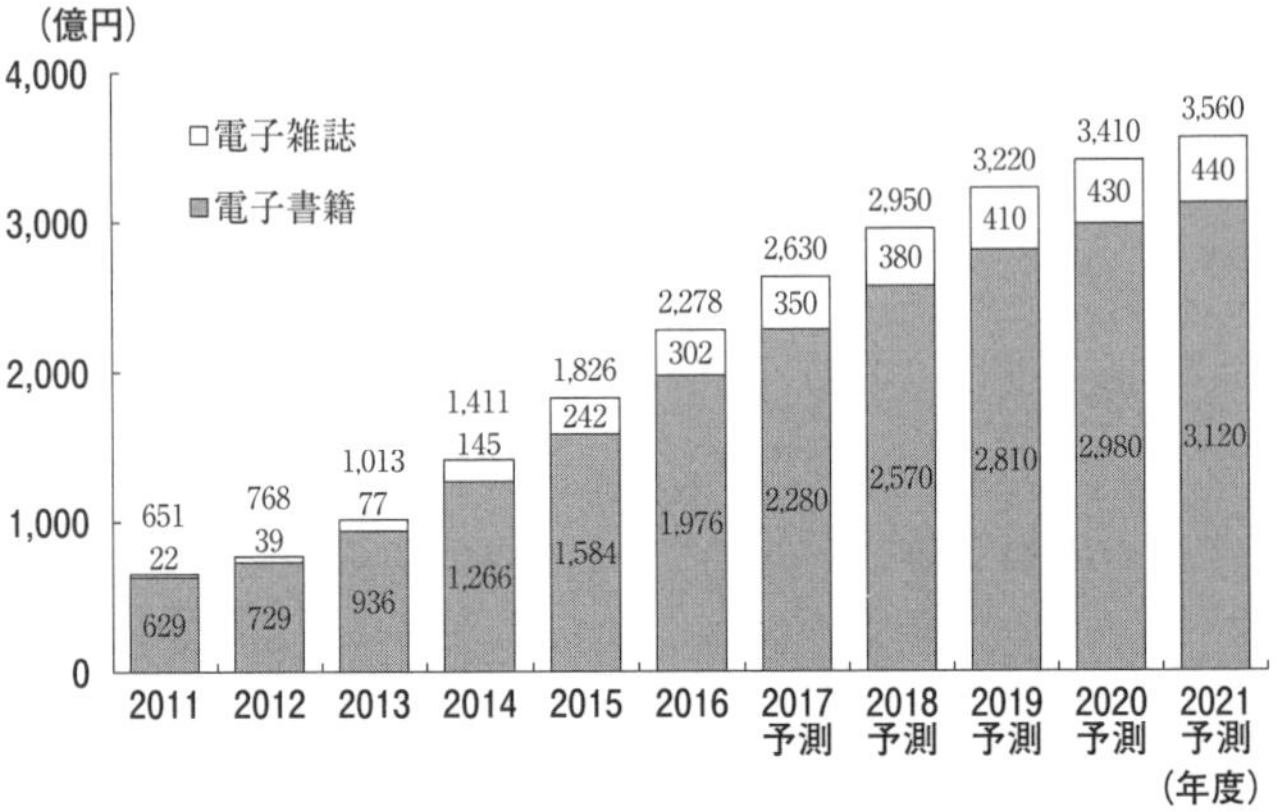

出所：インプレス総合研究所『電子書籍ビジネス調査報告書2017』。

図２　電子書籍・電子雑誌の市場規模予測

このように、電子書籍の市場の成長と新しいビジネスモデルは、紙の出版市場の縮小を補っていくことを期待されてはいる。しかし未だそこまでの規模には至っておらず、出版市場全体の減少傾向はまだ続くと思われる。

二〇二〇年度に予想されている電子書籍の市場規模である二九八〇億円で見ても、二〇一六年度の紙の書籍の市場である七三七〇億円[1]の半分にも満たない。

また、たとえ数字の面で補っていると言っても、「紙の本」の販売が「電子媒体」での販売に移り変わった訳ではなく、単純に移行しているとはいえない状況にある。電子書籍の市場規模の内訳を見ていくと、その数字の多くが「コミック」の数字であるということがわかる(図３)。

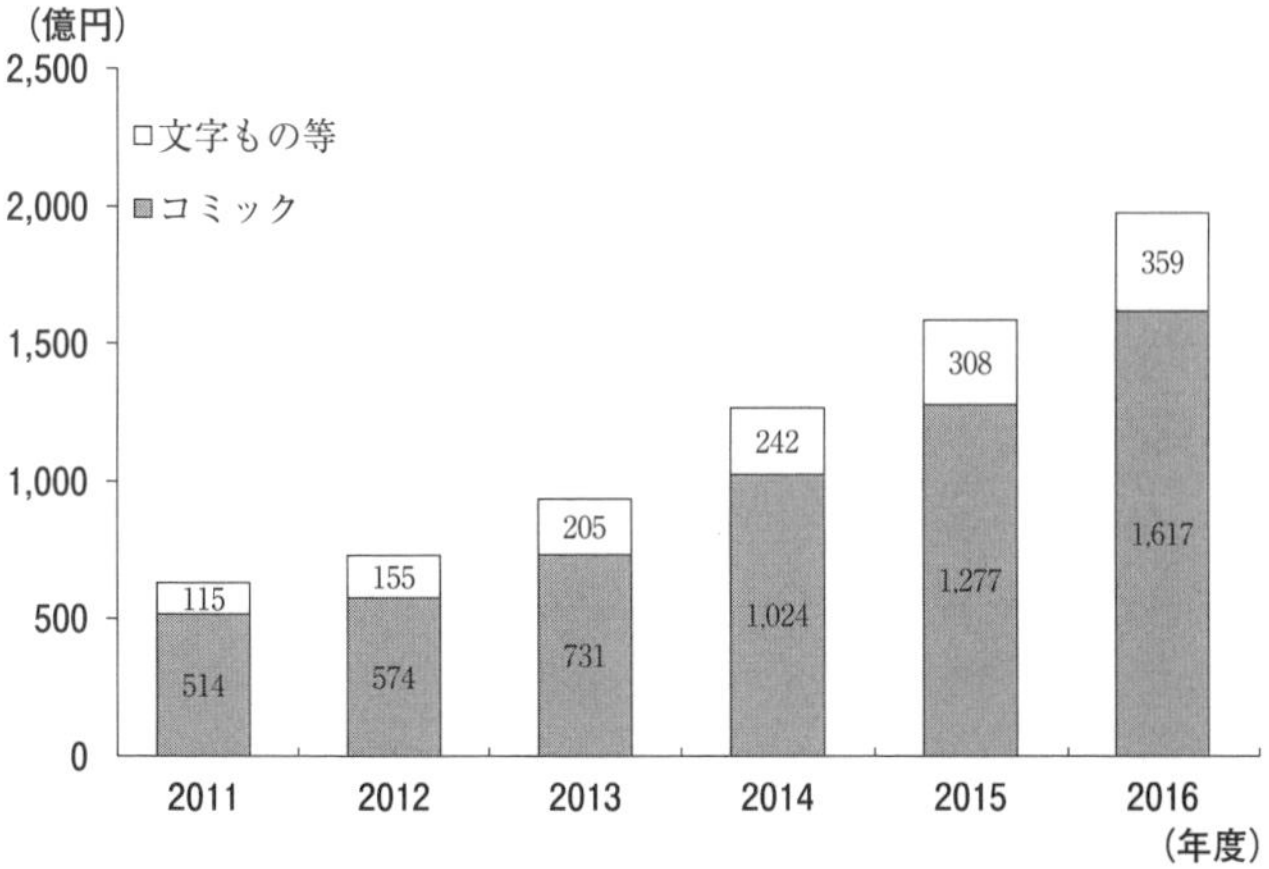

出所：インプレス総合研究所『電子書籍ビジネス調査報告書2017』。

図３　電子書籍市場規模のジャンル別内訳

このコミックの売上は、「紙の出版」では「雑誌」に含まれる数字であり、「書籍」には含まれていない数字になる。つまり単純に「紙」の書籍から「電子」書籍に移行した数字であるとは読めない。また同じ図の「文字もの等」をみていくと、割合としては四分の一程度にとどまり、紙の書籍からの移行と思われる部分はごく一部であるということが見て取れる。

このように文字を読む文化が「紙」から「電子」へ移行しているとは考えにくく、電子書籍の売り上げは、新しい「電子書籍のユーザ」が作っている数字と見るべきであるかもしれない。

しかし電子書籍での月額課金や読み放題などのビジネスが新しい市場と新しいユーザを

生み出しているのは事実であり、形は変わりつつも、将来的には出版ビジネスがまた、大きな市場となっていくことに期待したい。

(2) 電子書籍のメリット・デメリット

紙の出版と電子書籍の市場を比べて見てきたが、ここで電子書籍の成長の理由として、そのメリットを見ておきたい。電子書籍のメリットのどのような部分が、市場の成長に貢献しているのか、理由をみていこう。

まずいくつかの代表的な電子書籍のメリット・デメリットを挙げてみた(表1)。

電子書籍のわかりやすい最大のメリットとしては、時間も場所も選ばず、ユーザの好きな時に購入できることが挙げられる。また紙の本のように場所も取らず、持ち運びに不自由もない。閲覧する端末や書籍購入のためのインターネット接続の契約なども必要な点は、紙の本に比べてデメリットではあるが、今日のようなスマートフォンが常に手元にあり、インターネットの常時接続を実現している環境においては、大きなデメリットにはならないだろう。

またユーザにとってもう一つの大きなメリットと考えられるのは、紙の出版にあった「再販売価格維持制度」が電子書籍には適用されないことだろう。そのため電子書籍での価格は販売者が自由に設定できる。それは基本的には今までの紙の本にはできなかった、割引やセール価

表1　電子書籍のメリット・デメリット

メリット	デメリット
いつでもどこでも購入できる 保存や持ち運びの面での利点 絶版や希少な書籍も流通できる 販売方法や割引など価格の自由度 しおり、マーク、辞典機能など読書時の便利な機能が付加される 文字の大きさや色などの変更ができる(アクセシビリティ対応) 音声や動画などマルチメディアコンテンツが作成できる	紙の本に比べ、機器への不慣れさを感じやすい 書籍データの購入だけでなく、閲覧のための機器やビューアが必要である(本の購入以外にお金がかかる) インターネット接続環境や電子書籍ストアへの登録など手続きや費用が必要である

格での販売、月額課金などの販売方法も積極的にとることができるということだ。またそこが多くの電子書籍ユーザから期待され、購入につながっている場面もあるだろう。電子書籍のほうが単純に安いということだけでなく、月額固定の読み放題などの今までできなかった販売形式が、新しいユーザの発掘にも一役買っている。

他にも機能としてしおりやブックマーク、さらに辞書機能なども備えている。文字の大きさや色の変更もユーザの自由にすることができ、読みやすさや便利さだけでなく、視覚障害をもつユーザへの対応も可能となっている。

残る問題としては、紙の本に比べて、電子書籍の操作の不慣れさやページめくりなどの煩わしさを感じる人もいることがあるが、端末やビューアの高性能化や操作の改善でスムーズな使い心地が実現されつつある。

しかしやはり紙の本にあるような閲覧性の良さやページをめくる感じなど、文字を読むために長く最適化されてきた「紙の本」という媒体には、電子書籍では担えない面もありそうだ。確かに本も電子書籍で読むとなかなか頭に入らないという人もいるだろう。ここでは電子書籍のメリットもたくさん挙げてきたが、紙の本でしか実現できない「読書体験」もある。

その点も併せて考えると、電子書籍の大きな功績は紙の本に変わる存在になるというよりも、その特性から生まれる新しいビジネス（販売方法やそれ向けの作品）と、紙の本を読むこと自体がなくなってしまった世代に、次の読書体験を提供できることかもしれない。そのことが紙の本と電子書籍が特性を持って共存し、低迷している出版市場自体を盛りかえす鍵になると考えられる。

二　電子書籍配信の仕組み

(1)　電子書籍での配信の流れ

電子書籍を作成し、それが利用者（読者）の手に届くまでには、紙の本であったような印刷会社や実店舗（書店）での販売は必要ではない。その代わりに電子書籍における制作・販売である「配信」の役割を果たすのが「電子書籍ストア」である。書籍をデータとして扱い配信するので、

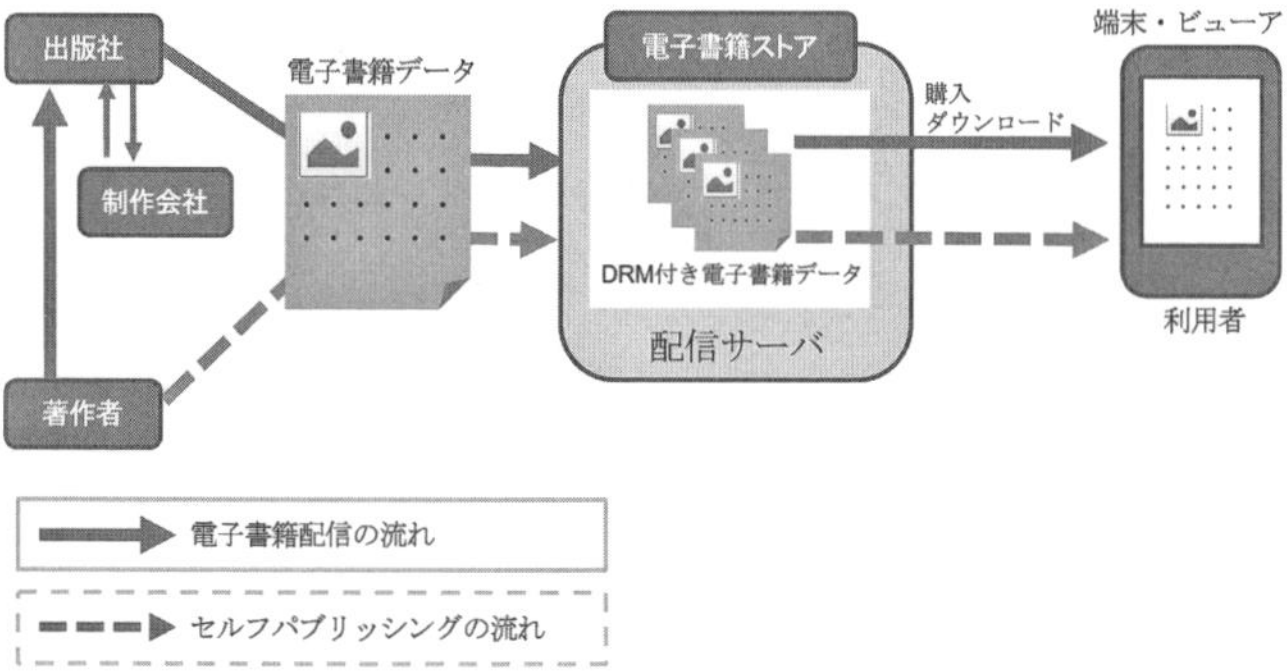

出所：『電子書籍制作・流通の基礎テキスト 出版社・制作会社スタッフが知っておきたいこと』をもとに著者作成。

図４　電子書籍の配信までの流れ

利用者がデータを受け取り閲覧するためには電子機器とビューアも必要になる。その流れを一般的な電子書籍配信を例とすると図のようになる（図４）。

著作者から出版社を通じて利用者（読者）へと届ける場合に加え、著作者自らが電子書籍化の作業も行い、電子書籍ストアと直接契約をする「セルフ・パブリッシング」という手法も可能になっている。

さらには自らのホームページなどでデータを直接販売することも可能である。しかし電子書籍ストアを通さない直接販売の場合は、購入後にデータの複製や再利用をされてしまうリスクも含まれている。

電子書籍ストアを利用することのメリットは、そこに電子書籍の利用者がいる（集客ができている）ことであり、販売の機会と代行が用意されている点である。そしてもう一つの大きなメリットは、著作者の電子書籍データを管理・保護してくれることである。電子書籍ストアは著作権管理の仕組みであるＤＲＭ[2]を付与することで、利用者を特定の端末（ビューア）での閲覧のみに制限し、複製や再利用をできなくすることができる。そのことで著作者は安心して電子書籍データを不特定多数の利用者（読者）に配信することができ、電子書籍ストアは安全な配信の仕組みと販売の場を提供することで手数料などを得る仕組みになっている。

また電子書籍には「再販売価格維持制度」が適用されないことは先ほども記述したが、販売価格なども自由であるとともに、電子書籍ストアの手数料も各社が独自に設定した金額である。また電子書籍ストアごとに専用の閲覧ビューアが必要なことが多く、出版社や著作者がどの電子書籍ストアを利用するかは、ビジネスでの大切なポイントにもなっている。

(2) 紙の本と電子書籍の流通の違い

紙の本と電子書籍では出版・配信までの流れに違いがあることを説明してきた。そしてその違いはそのまま、読者まで届く流通の違いになっている。

紙の本では読者に届くまでに一般的に出版社や印刷会社、取次や書店など多くの役割が必要になっていた（図５）。それは地域格差なく本を全国に同じ価格（再販売価格維持）で届けるとい

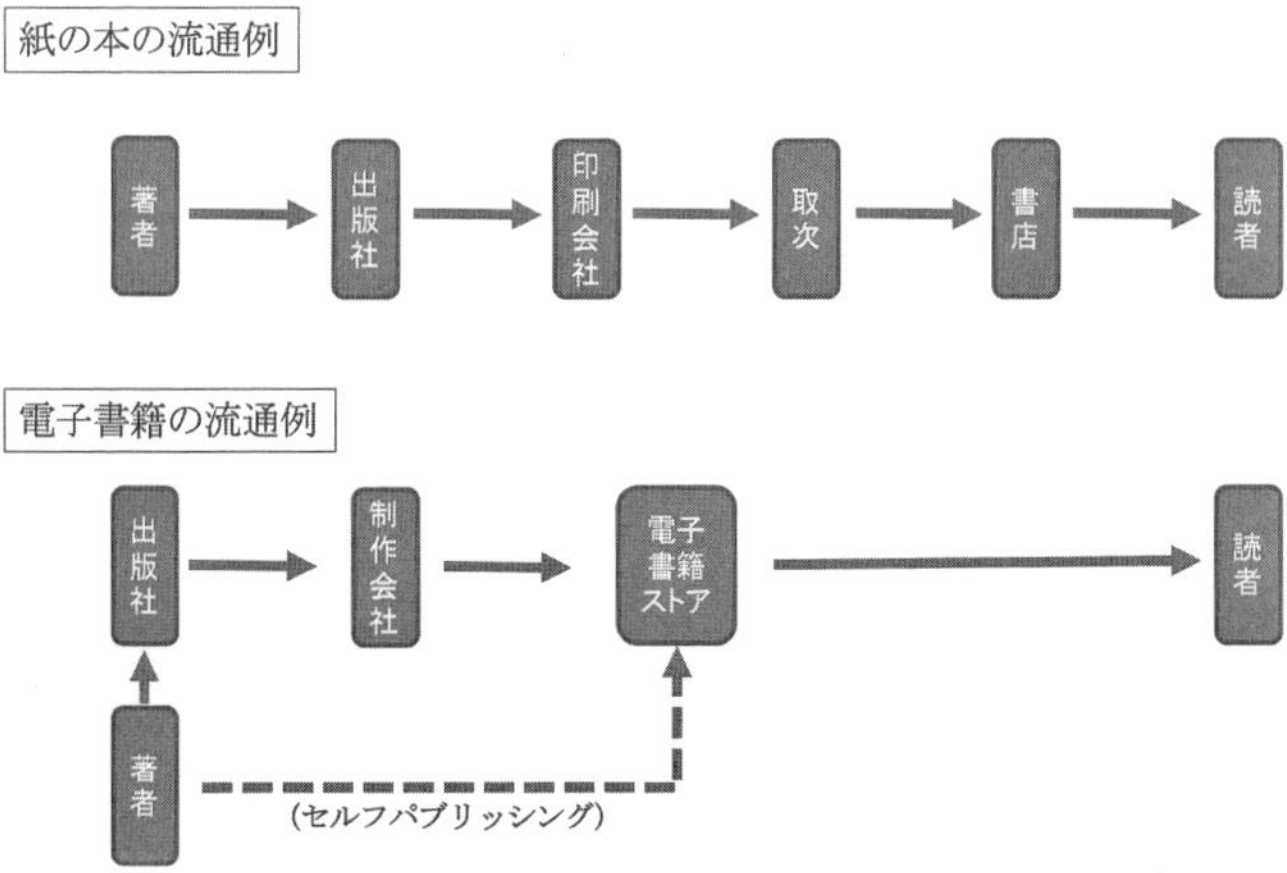

出所：『電子書籍制作・流通の基礎テキスト 出版社・制作会社スタッフが知っておきたいこと』をもとに著者作成。

図５　紙の本と電子書籍の制作、流通例

う上で必要な仕組みであった。

一方電子書籍では、データとして扱われる特性上、印刷の必要がなく、全国に流通させるための取次・書店も必要がない。インターネットに繋がっている機器とビューアさえあれば、いつでもどこでも購入できるのが電子書籍のメリットであることは先にもあげた通りである。そのため新しく電子書籍ストアという役割は登場したが（印刷会社や出版社、書店が運営している場合も多い）流通の仕組み自体は簡略化されたと言える。そのことが単純に電子書籍の価格の低下に繋がるわけではないが、販売価格や販売方法が自由になったことで、新たなビジネスが生まれ、新しい著作者と読者を生んでいることも間違いはない。

三　新しい発表の場としての電子書籍

ここまで見てきたように、電子書籍の「自由度の高さ」や「配信の手軽さ」によって、今までの紙の出版ではできなかった新たなビジネスモデルが生まれてきた。そしてそこからまた新しい著作者や作品が生まれてきている。電子書籍ストアや定額読み放題のサービスの運営主体は、今までの紙の本からの電子書籍化だけではなく、電子書籍で読むための新しい作品を積極的に募集し配信していくことでビジネスを拡大している。

ここ数年、無料で読める電子コミックサイトやアプリが複数サービスを開始しており、その中でも「comico」や「LINEマンガ無料連載」等のサービスは、電子書籍向けの新しい作品を主軸として掲載している。また同時にその著作者も募集し利用者(読者)に人気の作品を積極的に掲載していくなど、新たな発表とビジネスの場として、著作者・読者ともにユーザ数を伸ばしている。

コミック以外に目を向けても、今までは読者の獲得がむずかしいため出版には向いていなかった「地域に特化した書籍」や「自分史」などのニッチな市場向けの作品も配信しやすい環境ができている。

電子書籍の配信では、今までの紙の出版のように印刷・流通させるコストがかからないことや、書店販売での売り場面積の問題なども考慮する必要がない。そのため電子書籍ストアでの配信をする際でも、制限などなく、著作者は自由に自分の著作物を配信することができる。そのことは今までなかなか出版にまで至らなかった多くの著作者に自分の作品を世に出す機会を与えている。読者もたくさんの作品がある中でも、検索することによって自分に必要な情報のある書籍を選べるという、多くの選択肢を持つことになる。

しかし、そのような新しい作品が生まれていく中で、今まで出版社が担ってきた作品の質の担保ができないという面もあり、一般的に電子書籍の値段が紙の本に比べて安価であるとはいえ、購入者の満足度の低い作品ばかりになってしまうことは、市場を大きくしていくための阻害にもなりかねない。そのため多くの電子書籍ストアでは、レビューや口コミの形で作品の価値をできるだけ担保し、良い作品を積極的にレコメンドしていく仕組みを導入している。

四　電子書籍配信の仕方——自分史を題材に

(1)　電子書籍配信に必要なもの

電子書籍配信の仕組みや流れはすでに、紙の出版に比べるとその障壁をかなり低くしているが、配信するために必要なものや手順などが比較的容易であることも、新しい著作者や作品を生み出している背景にある。電子書籍データの作成においても、ここ数年で専門知識が必要な段階から、一般的なパソコンと文書作成ソフトがあれば誰でも作成・配信できる環境になってきている。

電子書籍の作成が容易になったとはいえ、紙の出版と同じく原稿の作成という一番重要かつ大切な部分は変わらないが、最低限として表紙と原稿さえあれば、すぐにでも配信ができてしまう。

一般的な電子書籍ストアでは、原稿の内容がストアの用意した規約を守っており、公序良俗に反していない限り、内容面での修正などを指摘されることもなく、自分の納得できる内容で、自分の納得できる価格で配信することができる。短すぎるということがなければ、基本的には長さの制限もない。ただし、原稿や表紙などに使用する画像に関しては権利上問題のないもの、しっかりと使用の許諾があるものを使用しなければならない。

(2) 自分史を参考に

ここでは電子書籍を作成し配信していくにあたって、「自分史」を例に挙げていきたい。
自分史とは「偉人が生きた波乱万丈な人生」ではなくとも、自分の記録や振り返りとして、また家族や子孫に伝え残したいこととして、一冊の書籍として作られる「自伝」的要素の強い作品といえる。

多くの人ではなくとも「自分や家族にとって」は、知らない偉人の伝記よりも、「読む価値のある、残す価値のある書籍」になり得るものであり、まさに電子書籍のメリットを生かせるものとして、「自分史」の配信がいま増えてきている。実際に最大手の電子書籍ストアである「Amazon Kindle ストア」で「自分史」と検索をすると、一般の著作者によって書かれた、たくさんの自分史がヒットすることがわかるだろう。

ありのままの自分の生きてきた歴史を書き記すことは自分史の基本といえる。しかし何事にも「何のために」「誰に読ませたいために」書くのかを決めておくことは大切になってくる。仕事のこと、または子育てのこと、両親(家系)のことを、妻に、孫に、または同世代に読んでもらいたい。そんな「目的」を作ることで、作成への道筋や「主題」が見えてくるだろう。まずはパソコンに向かう必要はなく、メモ程度でも構わないので「誰に」「何を伝えたいか」を思い描くところから始めてみるのはいかがだろうか。

(3) Word® で作る自分史

電子書籍データを作る上で注意が必要なのは、配信する電子書籍ストアによって使用できる形式(フォーマット)に差が出てくることだ。複数の電子書籍ストアに配信を希望する場合は、それぞれのフォーマットに準じて作る必要があるが、最近ではある程度統一されつつあり、また文章作成ソフトによっては複数へ対応できる場合も多い。

ここでは配信先を、最大手の「Amazon Kindle ストア」に設定することで Microsoft® Word® を使用して「.doc」のファイル形式で配信できる手近な方法を採用した。

電子書籍化を特別に意識することなく、Word® で、画像と文章の入った通常の文書を作る手順で、電子書籍を作成することが可能になっている（図6）。

また写真を使用して見やすい自分史を作ることも大切な要素となる。Word® での文章作成時と変わらず、縦書きの文章に「画像」を差し込むことができる。文章だけの流れより、適宜写真や絵などを盛り込むことで、作成も進み、見た目の完成度も上がるはずだ。

また自分史作成の「取材」として、思い出の場所に出かけ、資料として写真を撮影し「今昔比較の画像」などを作るのも、楽しみの一つになるだろう。

(4) 電子書籍ストアでの配信

ここでは「Amazon Kindle ストア」での配信を例にして、作成した原稿の配信手続きについて説明していきたい。

完成した自分史は、ぜひ電子書籍化をして、読ませたい「目的の人物」だけでなく、興味を

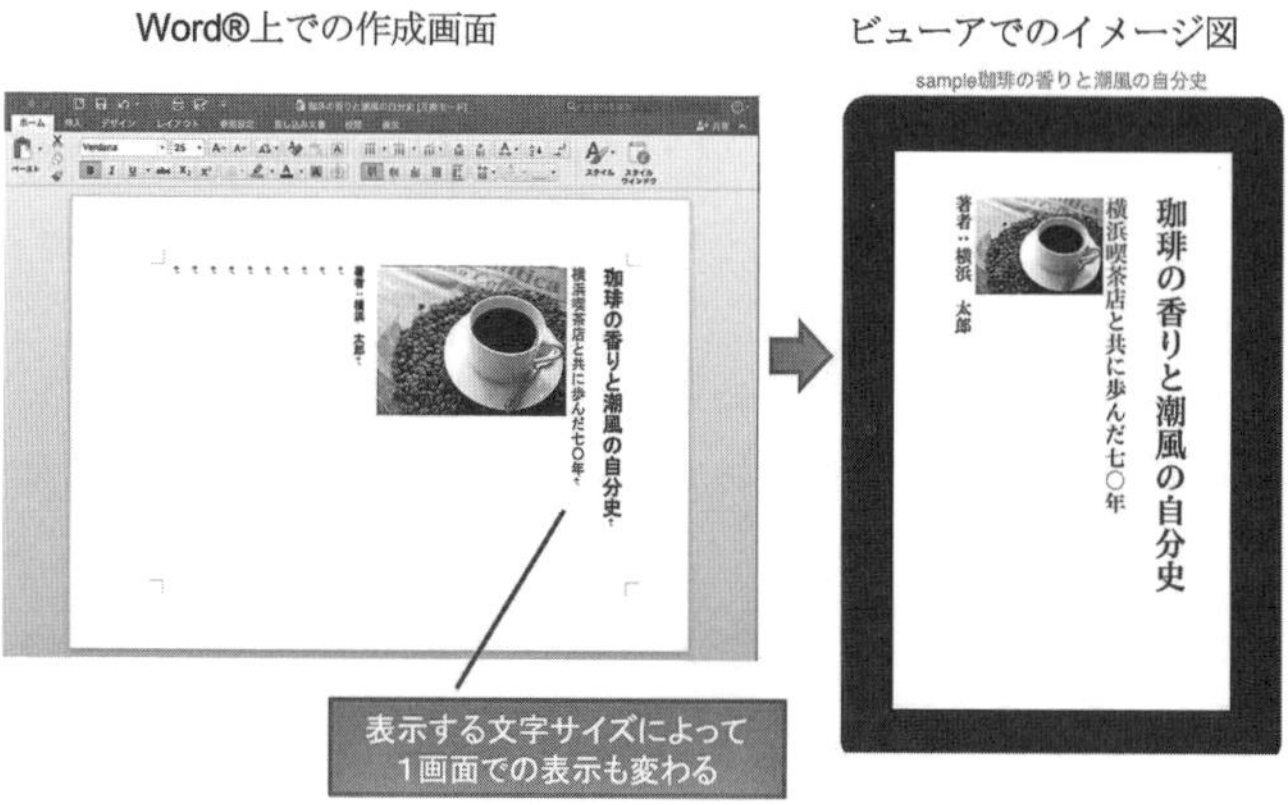

出所：Microsoft® Word® を使って著者作成。

図6　Microsoft® Word® での作成例

持ってもらえるなるべく多くの「誰か」にも見てもらいたいと思うのは当然であろう。「Amazon Kindle ストア」で配信することで、紙の本が書店で陳列されるのと同じように、電子書籍ストアの一覧に並ぶことになる。正しくしっかりと、書籍の「ジャンル」や「キーワード」を設定することは、興味のある人の目に触れる機会を作り、購入されることにも繋がるので、大切な要素である。

まず「Amazon Kindle ストア」への登録が必要になるが、

・メールアドレス
・売上配当金振込のための銀行口座
・登録のための情報入力(氏名・年齢・住所等)

が項目として要求されている。ここで入力した内容がそのまま電子書籍ストアの利用者に表示されることはないので、正しい情報を入力したい。

また登録や配信に際して、実際に利用者に購入されるまでは無料で利用することができる。

実際の詳細の手順などは割愛するが、いくつか配信し販売していく上でのポイントを説明しておきたい。

・本のタイトルに関しては、主題や内容をしっかり表したものをつけていただきたい。電子書籍においては、書店で購入を迷うときのように、パラパラと数ページめくって読んでみるということはできないので、必然的に利用者が得られる情報は少なくなりがちであるためだ。

・内容紹介では、自分史を作った「目的」である「何を伝えたくて」「どんな話が主題になっているのか」を記載しよう。利用者はそこから、興味がある内容か判断をすることになる。

・キーワードは、沢山の電子書籍の中から自分の本にたどり着いてもらうための「道しるべ」になる。主題に沿った「具体的な単語」を登録しよう。登録できるキーワードの数には限りがあるので、よく考慮されたい。

・販売する金額と売上金の配分比率は著者自らが決めることができる。販売金額は九九円から二万円までの範囲で選ぶことができる。(3) ただし電子書籍の多くの本が「紙の本より安く」

売られているのも事実であることを考慮し、同じジャンルの別の電子書籍作品がいくらで販売されているか参考にすることをお勧めする。

・売上金の配分比率は現在、[4] 著者の取り分が「三五％もしくは七〇％」が選択できる。もちろん高い配分比率を選択できるが、その場合は配信が「Amazon Kindle ストア」のみに限定されることや「最低価格が二五〇円」になるなど、制約があることも付け加える。

ここまで原稿や表紙も作成し(プレビューアで実際に近い見た目で確認もできる)、項目を全て入力したら、あとは実際に配信のボタンを押すだけで準備は整う。

作成も手順もしっかり確認をしながら行えば迷うことや難しいこともないだろう。そこが多くの電子書籍発の作家を排出している理由でもある。実際の配信開始までは数日の審査期間があるが、自作の著作権の問題等がない作品であれば、配信開始を待つだけになるはずだ。

五　効率的な情報収集について

ここまでは、電子書籍とその配信の仕組みを中心に見てきたが、電子書籍の内容に含まれる情報の収集についても考えてみたい。もちろん、一般的な情報収集方法は、人それぞれのやり方があり、様々な方法が考えられる。本稿では、特に数値等のデータの収集方法に限定し、その効率的な情報収集を考えていきたい。例えば、電子書籍の内容によっては、自分自身でアンケートを実施し、データ収集が必要な場合が考えられる。また、前節で述べた自分史を題材にする場合には、家族や友人に、データについてヒアリングするケースが考えられる。このような場合、どのようにアンケートやヒアリングを実施すれば、その手間やコストをかけずに実施できるだろうか。この答えを得る前に、必要なものとして、関連する内容と情報収集で大事なことについて触れておく。

データをどのように収集し活用するかについては、古くから統計学の分野を中心に広く研究されてきた。その中でも、実験計画法と呼ばれる研究分野で盛んに研究されている。実験計画法(5)は、一九二〇年代にR・A・フィッシャー(R. A. Fisher)により創始された統計的実験手法であり、もともとは農業実験から生まれたものである。そこでは、農作物の収量を最大にするには、品種、肥料、水の量、土壌の種類等、どの組み合わせが最適かを知ることができる。現在では、工学、生物学、医学をはじめとする自然科学の分野にも広く活用されている。また、我々の身近なところでもアンケートの実施などで利用されている。

次に、情報収集で大事なことについても、確認しておきたい。広く知られていることではあるが、大事なのは、最初に目的を明らかにしておくこと、言い換えると、集めたデータから何をしたいかを最初に明確にしておくことである。具体的には、収集したデータからどういう結論や仮説を導きたいかを、データを集める前に明らかにしておくことが必要である。そうすることで、必要最低限のデータが何か明らかになり、データ収集の無駄を防ぐことに繋がる。このように考えると、とりあえずデータを集めてみる、とりあえずアンケートを実施してみるなどはすべきではないことは明らかである。

それでは以上をもとに「手間やコストをかけずに必要なデータを収集するにはどうすればよいか」の答えを導きたい。効率的なデータ収集方法は、これまで述べたことから分かるように、最初にデータ収集の目的を明らかにし、次に実験計画法の考えをもとにデータ収集を行うことであろう。これでほとんど解決されると思うが、さらに効率的な情報収集はできないだろうか。その一つとして、目的が複数ある場合には、目的ごとにそれぞれデータ収集するのではなく、一括してデータ収集することで、大局的に手間やコストを最小化することができる。個人で電子書籍を配信できるようになった今こそ、自分自身でデータ収集について考え実施することがますます必要になると考えられる。

おわりに

電子書籍はその市場も合わせ、紙の出版に変わり、新しい仕組み、新しい著作者、新しい読者を作り、拡大している。電子書籍の配信の仕組みや手順が、紙の出版に比べオープンで手軽であることが、新しいビジネスを生む場として機能している。「誰でも」「手軽に」電子書籍を配信できることは、インターネットの技術を使うことで実現できている。
「読みたい人に」「無駄なくダイレクト」に作品を届けられる『電子書籍』という仕組みは、「自分史」などの新しい作品を、出版・配信することにおいて最適な仕組みであり、今後も新しいビジネスを生んでいく可能性が期待できる。

謝辞
本稿はＪＳＰＳ科研費JP17K00316の助成を受けたものです。

注
（1）二〇一七年公益社団法人全国出版協会調べ。
（2）ＤＲＭ(Digital Rights Management)特定のソフトウェアやハードウェアでしか再生できないよう、第三者によるコンテンツの複製や再利用を難しくする技術のこと。
（3）二〇一七年六月現在。
（4）二〇一七年六月現在。
（5）奥野忠一・芳賀敏郎『実験計画法』培風館、一九六九年。

参考文献
植村八潮編著、電子出版制作・流通協議会著『電子書籍制作・流通の基礎テキスト 出版社・制作会社スタッフが知っておきたいこと』ポット出版、二〇一四年。

次世代分散ストレージシステムに関する研究動向

吉田隆弘

はじめに

分散ストレージシステムは、情報のクラウド化が進展するとともに注目されてきた技術で、重要なデータが何らかの事故や障害・災害などによって消失してしまうことがないように、データを一箇所ではなく複数箇所に保管して、リスクを分散させようという考えに基づいている。日本国内においても東日本大震災以降、データを物理的にも離れた遠隔地に分散して保管する必要性があることが再認識され、分散ストレージシステムの重要性が高まっている。一般的な分散ストレージシステムでは、重要なデータを*n*個のパケット（以下では分散情報と呼ぶ）に符号化して、各分散情報を n 個のストレージ（以下ではノードと呼ぶ）にそれぞれ保存し、必要なときに k 個（$k \leq n$）のノードが保存している分散情報からデータを復元する。よって、故障等によって一部のノードが利用できなくなった場合でも、正常なノードが k 個以上あれば、それらのノードからデータが復元できるため信頼性が確保できる。このような分散ストレージシステムを実現する符号化法では、データ復元の効率性が主な評価基準とされている。具体的な評価基準としては、分散情報のサイズが用いられており、このサイズが小さいほど、効率性の優れた分散ストレージシステムとなる。

また、データ復元の効率性に加えて、データの機密性を評価基準とした、安全な分散ストレージシステムに関する研究も行われている。前述したように一般の分散ストレージシステムは、任意の k 個の分散情報からデータを復元できるシステムであったが、任意の k 個未満のノードが結託して不正にデータの一部を推測するような攻撃を想定していない。そこで、任意の k 個の分散情報からデータを復元できる性質に加えて、任意の k 個未満の分散情報からでは元のデータに関する情報を一切獲得できない、あるいは部分的にしか獲得できないといった性質を有する安全な分散ストレージシステムが考えられている。

分散ストレージシステムにおいて、故障したノードを修復できたほうがシステムの信頼性・可用性の観点からより望ましいため、故障ノードが修復可能な分散ストレージシステムを実現するための符号化法に関する研究が近年盛んに行われている。修復可能な分散ストレージシステムにおける故障ノードの修復機能とは、故障していない正常なノードが生成する故障ノード修復用のパケットから故障ノードが保存していた分散情報を復元できる機能である。修復可能な分散ストレージシステムを実現する符号化法では、データ復元の効率性に加え、故障ノード修復の効率性が主な評価基準として用いられている。

本稿では、一般の分散ストレージシステム、安全な分散ストレージシステム、修復可能な分散ストレージシステムについて紹介する。

一　分散ストレージシステムのモデル

まず、エントロピー及び条件付きエントロピー[3]を定義しておく。有限集合$\mathbf{X}$の上に値をとる確率変数Xのエントロピー$H(X)$は、

$$H(X)=-\sum_{x\in\mathbf{X}}p_X(x)\log p_X(x) \tag{1}$$

として定義される。ここで、$p_X(x)$は$X=x$の確率とした。また、有限集合$\mathbf{Y}$の上に値をとる確率変数をYで表すと、Xが与えられたときのYの条件付きエントロピー$H(Y|X)$は、

$$H(Y|X) = -\sum_{x \in \mathbf{X}} \sum_{y \in \mathbf{Y}} p_X(x)\, p_{Y|X}(y|x) \log p_{Y|X}(y|x) \qquad (2)$$

として定義される。ここで、$p_{Y|X}(y|x)$ は $X=x$ のもとでの $Y=y$ の条件付き確率とした。また、本稿を通じて対数の底は2とする。本稿では、分散ストレージシステムに保存するデータのことをオリジナル情報と呼ぶことにする。また、任意の集合$\mathbf{A}$と自然数 m に対して、$\mathbf{A}^m$ を集合$\mathbf{A}$の m 個の直積集合とする。

分散ストレージシステムは、n 個のノードとデータコレクターＤＣによって構成される。n 個のノードには、個体識別のための情報であるＩＤ情報 $\psi_1, \psi_2, \cdots, \psi_n$ がそれぞれ対応付けられており、ＩＤ情報の集合を

$$\mathbf{N} = \{\psi_1, \psi_2, \cdots, \psi_n\}$$

とおく。また、各ノードに分散させて記憶するオリジナル情報を s で表し、オリジナル情報 s 全体の集合を$\mathbf{S}$とおく。ただし、$\mathbf{S}$は有限集合とする。このとき、Sを$\mathbf{S}$上の確率変数とし、$s \in \mathbf{S}$ は$\mathbf{S}$上の一様分布 p_S に従って発生するものとする。すなわち、任意の $s \in \mathbf{S}$ に対して

$$p_S(s) = |\mathbf{S}|^{-1}$$

となる。ここで、$|\cdot|$は集合の要素数とした。このとき、分散ストレージシステム$[n, k]$ DSSは、以下のように定義できる。

定義1　三つの有限集合$\mathbf{N}$、$\mathbf{S}$、$\mathbf{W}$、二つの確定的な関数F、G、及び$n > k$を満たす正整数n、kを公開情報とする。このとき、次の二つのフェーズから構成される方式を$[n, k]$分散ストレージシステム（DSS：Distributed Storage Systems）と呼ぶ。

〈分散情報生成フェーズ〉

管理者は、関数$F : \mathbf{S} \to \mathbf{W}^n$を用いてオリジナル情報$s \in \mathbf{S}$に対する$n$個の分散情報

$$(w_1, w_2, \cdots, w_n),\ w_j \in \mathbf{W},\ 1 \leq j \leq n \tag{3}$$

を生成する。すなわち、オリジナル情報sから

$$F(s) = (w_1, w_2, \cdots, w_n) \tag{4}$$

を計算する。各ノードψ_j $(1 \leq j \leq n)$は、分散情報w_jをそれぞれ受信し、記憶する。

〈オリジナル情報復元フェーズ〉

データコレクターDCはn個のノードからk個のノード$\psi_{j1}, \psi_{j2}, \cdots, \psi_{jk}$を任意に選択し、各ノードが記憶している分散情報を受信する。k個の分散情報$w_{j1}, w_{j2}, \cdots, w_{jk}$を受信したDCは、

関数 $G:\mathbf{W}^k\to\mathbf{S}$ を用いて $G(w_{j1}, w_{j2}, \cdots, w_{jk})$ を計算する。
$[n, k]$ DSS において、オリジナル情報 s が確率的に発生することを仮定しているため、各フェーズで生成される情報は全て $\mathbf{S}$ 上の一様分布と関数 F、G に依存して定まる。ここで、w_j $(1\leq j\leq n)$ に対する確率変数を W_j とする。

二　$[n, k]$ DSS を実現する符号——$[n, k]$ 分散符号

(1)　$[n, k]$ DSS の評価基準

$[n, k]$ DSS の機能性に対する評価基準を $H(S|W_{j1}, W_{j2}, \cdots, W_{jk})$、効率性に対する評価基準を $\alpha=\log|\mathbf{W}|$ と定義する。また、α をストレージと呼ぶ。このストレージは、分散情報をノードに記憶するため記憶容量に対応する。

(2)　$[n, k]$ 分散符号の定義

定義1の$[n, k]$ DSS を実現する$[n, k]$分散符号を、次のように定義する。

定義2　$[n, k]$ DSS において、以下の条件(C1)を満たす関数の組(F, G)を$[n, k]$分散符号と呼ぶ。

(C1)　任意の k 個のノード $y_{j1}, y_{j2}, \cdots, y_{jk}$ に対し、

$$H(S|W_{j1}, W_{j2}, \cdots, W_{jk})=0 \tag{5}$$

が成立する。

上記の条件(C1)は、任意のk個の分散情報からオリジナル情報sが一意に定まることを意味している。

次節では、[n, k]分散符号におけるストレージの性質を紹介する。

(3) [n, k]分散符号におけるストレージの下界

[n, k]分散符号においてストレージαは小さい方が望ましいが、このストレージの下界が次の定理で与えられる。

定理1　全ての分散情報のエントロピーが等しい[n, k]分散符号に対して、

$$\alpha \geq \frac{1}{k}\log|\mathbf{S}|, \tag{6}$$

$$H(W_j) \geq \frac{1}{k}H(S),\ j=1, 2, \cdots, n \tag{7}$$

が成立する。

この定理は、$[n, k]$分散符号を実現するためには、少なくともオリジナル情報のサイズの $\frac{1}{k}$ 倍のストレージが必要となることを意味している。

(4)　最小ストレージ$[n, k]$分散符号

式(6)を等号で達成する$[n, k]$分散符号を最小ストレージ$[n, k]$分散符号と呼ぶ。本節では、最小ストレージ$[n, k]$分散符号の具体的な構成法の一つである有限体 $\mathbb{F}_q$ 上の多項式を用いた最小ストレージ$[n, k]$分散符号を紹介する。ここで、q は任意の素数べきとする。

有限体 $\mathbb{F}_q$ 上の多項式を用いた最小ストレージ$[n, k]$分散符号

ノードのＩＤ情報の集合 $\mathbf{N}=\{1, 2, \cdots, n\}$、オリジナル情報全体の集合 $\mathbf{S}=\mathbb{F}_q^k$、分散情報全体の集合 $\mathbf{W}=\mathbb{F}_q$ を公開情報とする。ただし、$n<q$ を満たす。

〈分散情報生成フェーズ〉

管理者は、オリジナル情報

$$s=(s_0, s_1, \cdots, s_{k-1}) \in \mathbb{F}_q^k \qquad (8)$$

から、次のように n 個の分散情報 w_j, $1 \leq j \leq n$ を生成する。

$$F(s)=(f(\psi_1), f(\psi_2), \cdots, f(\psi_n))=(f(1), f(2), \cdots, f(n))=(w_1, w_2, \cdots, w_n). \quad (9)$$

ここで、

$$f(j)=\sum_{i=0}^{k-1} s_i (j)^i, \ 1 \leq j \leq n \quad (10)$$

とおいた。各ノード ψ_j, $1 \leq j \leq n$ は、分散情報 w_j をそれぞれ受信し、記憶する。

〈オリジナル情報復元フェーズ〉

データコレクターDCは n 個のノードから k 個のノード $\psi_{j1}, \psi_{j2}, \cdots, \psi_{jk}$ を任意に選択し、k 個の分散情報 $w_{j1}, w_{j2}, \cdots, w_{jk}$ を受信する。次に、DCは選択した k 個のノードのID情報に依存して定まる行列

$$A=\begin{pmatrix} 1 & j_1 & j_1^2 & \cdots & j_1^{k-1} \\ 1 & j_2 & j_2^2 & \cdots & j_2^{k-1} \\ \vdots & \vdots & \vdots & & \vdots \\ 1 & j_k & j_k^2 & \cdots & j_k^{k-1} \end{pmatrix} \quad (11)$$

の逆行列 A^{-1} を求め、受信した k 個の分散情報 $w_{j1}, w_{j2}, \cdots, w_{jk}$ と A^{-1} から、オリジナル情報

$$A^{-1}\begin{pmatrix} w_{j1} \\ w_{j2} \\ \vdots \\ w_{jk} \end{pmatrix} \in \mathbf{S} = \mathbb{F}_q^k \tag{12}$$

を計算する。以上の処理が関数Gに対応する。

有限体$\mathbb{F}_q$上の多項式を用いた最小ストレージ[n, k]分散符号に対して、以下の定理が成立する。

定理2　有限体$\mathbb{F}_q$上の多項式を用いた最小ストレージ[n, k]分散符号は、最小ストレージ[n, k]分散符号となる。

三　安全な[n, k]DSSを実現する符号——[n, k]秘密分散符号

前節で紹介した[n, k]分散符号は、任意のk個の分散情報からオリジナル情報を復元できる符号クラスであったが、任意のk個未満の分散情報からでも、オリジナル情報の一部の情報を得ることができる。すなわち、不正なノードの分散情報から、オリジナル情報の一部が推測できてしまうことになる。本節では、この点を考慮した安全な[n, k]DSSを実現する符号ク

ラスである、$[n, k]$秘密分散符号（秘密分散法[1][11][5]）について述べる。一般には「$[n, k]$しきい値秘密分散法」と呼ばれているが、ここでは、「$[n, k]$分散符号」と対応させるために「$[n, k]$秘密分散符号」と呼ぶ。$[n, k]$秘密分散符号は、任意のk個の分散情報からオリジナル情報を一意に復元でき、かつ任意のk個未満の分散情報からではオリジナル情報に関する情報を一切獲得できないといった性質を有する。

(1)　安全な$[n, k]$ DSS の評価基準

$[n, k]$ DSS と同様に、機能性に対する評価基準を$H(S|W_{j1}, W_{j2}, \cdots, W_{jk})$、効率性に対する評価基準をストレージ$\alpha = \log|\mathbf{W}|$と定義する。さらに、$1 \leq l \leq k-1$を満たす任意の$l$に対し、安全性に対する評価基準を$H(S|W_{j1}, W_{j2}, \cdots, W_{jl})$と定義する。

(2)　$[n, k]$秘密分散符号の定義

定義1の$[n, k]$ DSS を実現する$[n, k]$秘密分散符号を、次のように定義する。

定義3　$[n, k]$ DSS において、以下の条件(C1)と(C2)を満たす関数の組(F, G)を$[n, k]$秘密分散符号と呼ぶ。

(C1)　任意のk個のノード$\psi_{j1}, \psi_{j2}, \cdots, \psi_{jk}$に対し、

$$H(S|W_{j1}, W_{j2}, \cdots, W_{jk})=0 \quad (13)$$

が成立する。

(C2) $1 \leq l \leq k-1$を満たす任意のl個のノード$\psi_{j1}, \psi_{j2}, \cdots, \psi_{jl}$に対し、

$$H(S|W_{j1}, W_{j2}, \cdots, W_{jl})=H(S) \quad (14)$$

が成立する。

上記の条件(C1)は、任意のk個の分散情報からオリジナル情報sが一意に定まることを意味している。一方、条件(C2)は、任意のk個未満の分散情報からオリジナル情報sの情報が一切洩れないことを意味している。

次節では、$[n, k]$秘密分散符号におけるストレージの性質を紹介する。

(3) $[n, k]$秘密分散符号におけるストレージの下界

$[n, k]$分散符号と同様に、$[n, k]$秘密分散符号においてもストレージαは小さい方が望ましい。ストレージの下界は、次の定理で与えられている。(5)

定理3　全ての分散情報のエントロピーが等しい$[n, k]$秘密分散符号に対して、

$$\alpha = \log|\mathbf{S}| \tag{15}$$

が成立する。

この定理は、$[n, k]$ 秘密分散符号を実現するためには、少なくとも秘密情報と同じサイズのストレージが必要となることを意味している。このため、$[n, k]$ 秘密分散符号は、$[n, k]$ 分散符号と比べると、効率の面では性能が低くなってしまうが、安全性が向上している。

(4) 最小ストレージ $[n, k]$ 秘密分散符号――Shamir の (k, n) しきい値法

式(15)を等号で達成する $[n, k]$ 秘密分散符号を最小ストレージ $[n, k]$ 秘密分散符号と呼ぶ。本節では、最小ストレージ $[n, k]$ 秘密分散符号の具体的な構成法の一つである Shamir の (k, n) しきい値法を紹介する。

Shamir の (k, n) しきい値法

ノードのＩＤ情報の集合 $\mathbf{N} = \{1, 2, \cdots, n\}$、オリジナル情報全体の集合 $\mathbf{S} = \mathbb{F}_q$、分散情報全体の集合 $\mathbf{W} = \mathbb{F}_q$ を公開情報とする。ただし、$n < q$ を満たす。

〈分散情報生成フェーズ〉

管理者は、$\mathbb{F}_q$ 上の $k-1$ 個の乱数 $a_1, a_2, \cdots, a_{k-1}$ を独立に生成し、これらの乱数とオリジナ

ル情報 $s \in \mathbb{F}_q$ から、次のように n 個の分散情報 $w_j,\ 1 \leq j \leq n$ を生成する。

$$F(s) = (f(\psi_1), f(\psi_2), \cdots, f(\psi_n)) = (f(1), f(2), \cdots, f(n)) = (w_1, w_2, \cdots, w_n). \quad (16)$$

ここで、

$$f(j) = s + \sum_{i=1}^{k-1} a_i (j)^i,\ 1 \leq j \leq n \quad (17)$$

とおいた。各ノード $\psi_j,\ 1 \leq j \leq n$ は、分散情報 w_j をそれぞれ受信し、記憶する。

〈オリジナル情報復元フェーズ〉

データコレクターDCは n 個のノードから k 個のノード $\psi_{j1}, \psi_{j2}, \cdots, \psi_{jk}$ を任意に選択し、k 個の分散情報 $w_{j1}, w_{j2}, \cdots, w_{jk}$ を受信する。次に、DCは受信した k 個の分散情報 $w_{j1}, w_{j2}, \cdots, w_{jk}$ から、オリジナル情報

$$G(w_{j1}, w_{j2}, \cdots, w_{jk}) = \sum_{m=1}^{k} \lambda_{jm} w_{jm}. \quad (18)$$

を計算する。ここで、

$$\lambda_{jm} = \prod_{l=1:\, l \neq m}^{k} \frac{j_l}{j_l - j_m} \quad (19)$$

とした。

上記のShamirの(k, n)しきい値法に対して、以下の定理が成立する。

定理4 Shamirの(k, n)しきい値法は、最小ストレージ$[k, n]$秘密分散符号となる。

四 一般的な$[n, k]$ DSSを実現する符号——$[n, k, L]$分散符号

前節で紹介した$[n, k]$秘密分散符号は、任意のk個の分散情報からオリジナル情報を復元できる性質に加えて、任意のk個未満の分散情報からではオリジナル情報に関する情報を一切獲得できないといった性質を有する安全な$[n, k]$ DSSを実現する符号クラスであった。しかし、安全性を保証することで、効率性（すなわちストレージ）が$[n, k]$分散符号と比較してk倍になるというデメリットが生じる。

本節では、$[n, k]$秘密分散符号を一般化した符号クラスである$[n, k, L]$秘密分散符号(2)(13)について述べる。一般には、「$[n, k, L]$ランプ型しきい値秘密分散法」と呼ばれているが、本稿では、「$[n, k]$分散符号」及び「$[n, k]$秘密分散符号」と対応させるために「$[n, k, L]$秘密分散符号」と呼ぶ。ここで、Lは$1 \leqq L \leqq k$を満たす任意の整数とする。$[n, k, L]$秘密分散符号によって、$[n, k]$秘密分散符号と比較すると安全性は劣るが、効率性に優れた$[n, k]$ DSSが実現できる。

(1)　一般的な $[n, k]$ DSSの評価基準

これまでと同様に、機能性に対する評価基準を $H(S \mid W_{j1}, W_{j2}, \cdots, W_{jk})$、効率性に対する評価基準をストレージ $\alpha = \log|\mathbf{W}|$ と定義し、$1 \leq l \leq k-1$ を満たす任意の l に対し、安全性に対する評価基準を $H(S \mid W_{j1}, W_{j2}, \cdots, W_{jl})$ と定義する。

(2)　$[n, k, L]$ 秘密分散符号の定義

定義4　$[n, k]$ DSSにおいて、以下の条件(C1)、(C2)を満たす関数の組 (F, G) を $[n, k, L]$ 分散符号 $(1 \leq L \leq k)$ と呼ぶ。

(C1)　任意の k 個のノード $\psi_{j1}, \psi_{j2}, \cdots, \psi_{jk}$ に対し、

$$H(S \mid W_{j1}, W_{j2}, \cdots, W_{jk}) = 0 \tag{20}$$

が成立する。

(C2)　$1 \leq l \leq k-1$ を満たす任意の l 個のノード $\psi_{j1}, \psi_{j2}, \cdots, \psi_{jl}$ に対し、

$$H(S \mid W_{j1}, W_{j2}, \cdots, W_{jl}) = \begin{cases} \dfrac{k-l}{L} H(S) & \text{for } k-1 \geq l \geq k-L, \\ H(S) & \text{otherwise,} \end{cases} \tag{21}$$

が成立する。

$[k, n]$秘密分散符号は、任意のk個以上の分散情報が集まれば秘密情報を復元でき、任意のk個未満の分散情報ではオリジナル情報を全く得ることができない性質を有する符号クラスであった。これに対して、$[k, n, L]$分散符号は、任意のk個以上の分散情報が集まれば秘密情報を復元でき、任意の$k-L$個以下の分散情報ではオリジナル情報を全く得られず、任意の$k-l$個$(k-L \leq l \leq k-1)$の分散情報ではlが小さくなるにつれて、段階的にオリジナル情報が得られる性質を有する符号クラスとなる。また、$L=1$のとき、$[k, n, L]$秘密分散符号は$[k, n]$秘密分散符号と等価な符号クラスとなる。よって$[k, n, L]$秘密分散符号は$[k, n]$秘密分散符号を一般化した符号クラスとなるが、$L>1$のとき、$[k, n]$秘密分散符号よりも安全性が低くなってしまうことに注意する。

(3)　$[n, k, L]$秘密分散符号におけるストレージの下界

$[n, k, L]$秘密分散符号におけるストレージの下界は、次の定理で与えられている。[13]

定理5　全ての分散情報のエントロピーが等しい$[n, k, L]$秘密分散符号に対して、

$$\alpha \geq \frac{1}{L}\log|\mathbf{S}| \tag{22}$$

が成立する。

この定理から、$[n, k, L]$秘密分散符号の下界は、$[n, k]$秘密分散符号の下界よりも小さくなっていることがわかる。すなわち、$[n, k, L]$秘密分散符号は、$[n, k]$秘密分散符号と比べて安全性が劣る反面、効率性の面では優れた性能を有する可能性があるといえる。また、$L = 1$のときは$[n, k]$秘密分散符号の下界と、$L = k$のときは$[n, k]$分散符号の下界とそれぞれ一致する。

(4) 最小ストレージ$[n, k, L]$秘密分散符号

式(22)を等号で達成する$[n, k, L]$秘密分散符号を最小ストレージ$[n, k, L]$秘密分散符号と呼ぶ。本節では、最小ストレージ$[n, k, L]$秘密分散符号の具体的な構成法の一つである有限体$\mathbb{F}_q$上の多項式を用いた最小ストレージ$[n, k, L]$秘密分散符号を紹介する。

有限体$\mathbb{F}_q$上の多項式を用いた最小ストレージ$[n, k, L]$秘密分散符号

ノードのＩＤ情報の集合$\mathbf{N} = \{1, 2, \cdots, n\}$、オリジナル情報全体の集合$\mathbf{S} = \mathbb{F}_q^L$、分散情報全体の集合$\mathbf{W} = \mathbb{F}_q$を公開情報とする。ただし、$n < q$を満たす。

〈分散情報生成フェーズ〉

管理者は、$\mathbb{F}_q$ 上の $k-L$ 個の乱数 $a_L, a_{L+1}, \cdots, a_{k-1}$ を独立に生成し、これらの乱数とオリジナル情報

$$s=(s_0, s_1, \cdots, s_{L-1}) \in \mathbb{F}_q^L \tag{23}$$

から、次のように n 個の分散情報 $w_j, 1 \leq j \leq n$ を生成する。

$$F(s)=(f(\psi_1), f(\psi_2), \cdots, f(\psi_n))=(f(1), f(2), \cdots, f(n))=(w_1, w_2, \cdots, w_n). \tag{24}$$

ここで、

$$f(j)=\sum_{l=0}^{L-1} s_l (j)^l+\sum_{i=L}^{k-1} a_i (j)^i, \quad 1 \leq j \leq n \tag{25}$$

とおいた。各ノード $\psi_j, 1 \leq j \leq n$ は、分散情報 w_j をそれぞれ受信し、記憶する。

〈オリジナル情報復元フェーズ〉

データコレクターＤＣは n 個のノードから k 個のノード $\psi_{j1}, \psi_{j2}, \cdots, \psi_{jk}$ を任意に選択し、k 個の分散情報 $w_{j1}, w_{j2}, \cdots, w_{jk}$ を受信する。次に、ＤＣは選択した k 個のノードのＩＤ情報に依存して定まる行列

$$A=\begin{pmatrix} 1 & j_1 & j_1^2 & \cdots & j_1^{k-1} \\ 1 & j_2 & j_2^2 & \cdots & j_2^{k-1} \\ \vdots & \vdots & \vdots & & \vdots \\ 1 & j_k & j_k^2 & \cdots & j_k^{k-1} \end{pmatrix} \tag{26}$$

の逆行列 A^{-1} を求め、受信した k 個の分散情報 $w_{j1}, w_{j2}, \cdots, w_{jk}$ と A^{-1} から、k 次元ベクトル

$$A^{-1}\begin{pmatrix} w_{j1} \\ w_{j2} \\ \vdots \\ w_{jk} \end{pmatrix} \in \mathbf{S}=\mathbb{F}_q^k \tag{27}$$

を計算し、このベクトルの第一成分から第 k 成分までをオリジナル情報とする。以上の処理が関数 G に対応する。

上記の最小ストレージ $[n, k, L]$ 秘密分散符号に対して、以下の定理が成立する。

定理6　有限体 $\mathbb{F}_q$ 上の多項式を用いた最小ストレージ $[n, k, L]$ 秘密分散符号は、最小ストレージ $[k, n, L]$ 秘密分散符号となる。

五　修復可能な分散ストレージシステムのモデル

分散ストレージシステムにおいて、故障したノードを修復できたほうがシステムの信頼性・可用性の観点からより望ましいため、故障ノードが修復可能な分散ストレージシステムに関する研究が近年盛んに行われている。修復可能な分散ストレージシステムにおける故障ノードの修復機能とは、故障していない正常なノードが生成する故障ノード修復用のパケット（以下では再生成情報と呼ぶ）から故障ノードが保存していた分散情報（またはそれと同じ機能を持つ分散情報）を復元できる機能である。以下では、まず、分散ストレージシステムを拡張した修復可能な分散ストレージシステムのモデル、及び従来提案されている修復可能な分散ストレージシステムの代表的な符号化法を紹介する。

修復可能な分散ストレージ方式は、n個のノードとデータコレクターDCによって構成される。n個のノードには、個体識別のための情報であるID情報$\psi_1, \psi_2, \cdots, \psi_n$がそれぞれ対応付けられており、ID情報の集合を$\mathbf{N}=\{\psi_1, \psi_2, \cdots, \psi_n\}$とおく。また、各ノードに分散させて記憶するオリジナル情報をsで表し、オリジナル情報s全体の集合を$\mathbf{S}$とおく。ただし、$\mathbf{S}$は有限集合とする。このとき、Sを$\mathbf{S}$上の確率変数とし、$s \in \mathbf{S}$は$\mathbf{S}$上の一様分布p_Sに従って発生するものとする。すなわち、任意の$s \in \mathbf{S}$に対して$p_S(s)=1/|\mathbf{S}|$。このとき、修復可能な分散ストレージ方式は、以下のように定義できる。

定義5　四つの有限集合**N**、**S**、**U**、**V**、四つの確定的な関数F、G、f、g、及び$n>d\geq k$を満たす正整数n、k、dを公開情報とする。このとき、次の三つのフェーズから構成される方式を［n, k, d］分散ストレージ方式（DSS：Distributed Storage Systems）と呼ぶ。

〈分散情報生成フェーズ〉

管理者は、関数$F:\mathbf{S}\rightarrow\mathbf{U}^n$を用いてオリジナル情報$s\in\mathbf{S}$に対する$n$個の分散情報

$$(u_1, u_2, \cdots, u_n),\ u_j\in\mathbf{U},\ 1\leq j\leq n \tag{28}$$

を生成する。すなわち、オリジナル情報sから

$$F(s)=(u_1, u_2, \cdots, u_n) \tag{29}$$

を計算する。各ノードψ_j, $1\leq j\leq n$は、分散情報u_jをそれぞれ受信し、記憶する。

〈オリジナル情報復元フェーズ〉

データコレクターDCはn個のノードからk個のノード$\psi_{j1}, \psi_{j2}, \cdots, \psi_{jk}$を任意に選択し、各ノードが記憶している分散情報を受信する。k個の分散情報$u_{j1}, u_{j2}, \cdots, u_{jk}$を受信したDCは、関数$\mathrm{G}:\mathbf{U}^k\rightarrow\mathbf{S}$を用いて$\mathrm{G}(u_{j1}, u_{j2}, \cdots, u_{jk})\in\mathbf{S}$を計算する。

〈故障ノード修復フェーズ〉

分散情報u_iを記憶していたノードψ_iが故障したら、まず、新規ノードψ_iを設置する。新規ノードは、故障していないノードの中からd個のノード$\psi_{i1}, \psi_{i2}, \cdots, \psi_{id}$を任意に選択する。次に、選択された各ノードは記憶している分散情報と関数$f: \mathbf{U}\times\mathbf{N}\to\mathbf{V}$を用いて、再生成情報$v_{ij,i}$, $1\leq j\leq d$をそれぞれ生成する。すなわち、

$$f(u_{ij}, \psi_i) = v_{ij,i}, \quad 1\leq j\leq d \tag{30}$$

を計算する。新規ノードはd個の再生成情報を受信し、これらと関数$g: \mathbf{V}^d\to\mathbf{U}$を用いて$\hat{u}_i\in\mathbf{U}$を生成する。すなわち、$g(v_{i1,i}, \ldots, v_{id,i}) = \hat{u}_i$を計算する。新規ノード$\psi_i$は、$\hat{u}_i$を自身の分散情報$u_i$として記憶する。

$[n, k, d]$ DSSにおいて、オリジナル情報sが確率的に発生することを仮定しているため、各フェーズで生成される情報は全て$\mathbf{S}$上の一様分布と関数F、G、f、gに依存して定まる。ここで、u_j, $1\leq j\leq n$に対する確率変数をU_jとし、同様に$v_{j,i}$, $\hat{u}_i$, $1\leq i, j\leq n$に対する確率変数をそれぞれ$V_{j,i}$, $\hat{U}_i$とする。

六　$[n, k, d]$ DSSを実現する符号――$[n, k, d]$再生成符号

(1)　$[n, k, d]$ DSSの評価基準

$[n, k, d]$ DSSの機能性に対する評価基準を$(S|U_{j1}, U_{j2}, \cdots, U_{jk})$、効率性に対する評価基準を$\alpha=\log|\mathbf{U}|$、$\beta=\log|\mathbf{V}|$と定義する。また、$\alpha$をストレージ、$\gamma=d\beta$を修復バンドワイズと呼ぶ。

(2)　$[n, k, d]$再生成符号の定義

$[n, k, d]$ DSSを実現する再生成符号を、次のように定義する。

定義6　$[n, k, d]$ DSSにおいて、以下の条件(C1)、(C2)を満たす関数の組(F, G, f, g)を$[n, k, d]$再生成符号と呼ぶ。

(C1)　任意のk個のノードを$\psi_{j1}, \psi_{j2}, \cdots, \psi_{jk}$に対し、

$$H(S|U_{j1}, U_{j2}, \cdots, U_{jk})=0 \quad (31)$$

が成立する。

(C2)　任意の$d+1$個のノード$\psi_j, \psi_{j1}, \psi_{j2}, \cdots, \psi_{jd}$に対し、

$$H(\hat{U}_i|V_{i1,i},U_{i2,i},\cdots,U_{id,i})=0 \qquad (32)$$

が成立する。

ここで、関数gによって計算される$\hat{u}_i$は、故障していない$n-1$個のノードが持つ分散情報と$\hat{u}_i$に対して、上記二つの条件を満たすような$\hat{u}_i$である。

上記の条件(C1)は、任意のk個の分散情報からオリジナル情報sが一意に定まることを意味している。一方、条件(C2)は故障ノード以外の任意のd個のノードが生成する再生成情報から、新規ノードの分散情報が一意に定まることを意味している。また、上記定義の条件に、故障ノードψ_iが元々記憶していた分散情報u_iと再生成フェーズで生成される分散情報$\hat{u}_i$が等しいという条件が含まれていないことに注意する。

次節では、$[n, k, d]$再生成符号におけるストレージと修復バンドワイズの性質を紹介する。

(3) **$[n, k, d]$再生成符号におけるストレージと修復バンドワイズの性質**

$[n, k, d]$再生成符号においてストレージαと修復バンドワイズγは小さい方が望ましいが、両者には次のようなトレードオフ関係があることが示されている。[4]

定理7 $[n, k, d]$再生成符号に対して、

$$\alpha^*(n, k, d, \gamma)=\begin{cases}\dfrac{\log|\mathbf{S}|}{k}, & \gamma\in[\mu(0), +\infty)\\ \dfrac{\log|\mathbf{S}|-\nu(i)\gamma}{k-i}, & \gamma\in[\mu(i), \mu(i-1))\end{cases} \tag{33}$$

とおく。ここで、$1\leq i<k$を満たす整数iに対して、

$$\mu(i)=\frac{2d\log|\mathbf{S}|}{(2k-i-1)i+2k(d-k+1)}, \tag{34}$$

$$\nu(i)=\frac{(2d-2k+i+1)i}{2d} \tag{35}$$

とおいた。このとき、$\alpha\geq\alpha^*(n, k, d, \gamma)$を満たす全ての$\alpha$、$\gamma$、$n$、$k$、$d$に対し、ストレージ$\alpha$、修復バンドワイズ$\gamma$となる$[n, k, d]$再生成符号が存在する。一方、

$$\alpha<\alpha^*(n, k, d, \gamma) \tag{36}$$

を満たす全てのα、γ、n、k、dに対し、ストレージα、修復バンドワイズγとなる$[n, k, d]$再生成符号は存在しない。

この定理より、ストレージと修復バンドワイズの両者を最小にする$[n, k, d]$再生成符号は

存在しないことがわかる。また、上記定理のトレードオフ関数には、k個の端点

$$\left(\gamma_i^{\mathrm{EP}}, \alpha_i^{\mathrm{EP}}\right)=\left(\mu(i), \frac{\log|\mathbf{S}|-\nu(i)\mu(i)}{k-i}\right) \tag{37}$$

が存在し$(0 \leqq i < k)$、ストレージの最小値は$\alpha_0^{\mathrm{EP}}=\log|\mathbf{S}|/k$で、本稿では、この点をMSR点（Minimum Storage Regenerating Point）と呼び、MSR点を達成する$[n, k, d]$再生成符号を$[n, k, d]$ MSR符号と呼ぶ。同様に、修復バンドワイズの最小値は

$$\gamma_{k-1}^{\mathrm{EP}}=\mu(k-1)=\frac{2d\log|\mathbf{S}|}{k(2d-k+1)} \tag{38}$$

で、そのときのストレージの最小値が

$$\frac{\log|\mathbf{S}|-\nu(k-1)\mu(k-1)}{k-(k-1)}=\frac{2d\log|\mathbf{S}|}{k(2d-k+1)} \tag{39}$$

となる。この点をMBR点（Minimum Bandwidth Regenerating Point）と呼び、MBR点を達成する$[n, k, d]$再生成符号を$[n, k, d]$ MBR符号と呼ぶ。

$[n, k, d]$ MBR符号と$[n, k, d]$ MSR符号の具体的な構成法は、従来研究によって数多く提案されている[8][9][10]。以下では、Shahらが提案した最大距離分離（MDS：Maximmum Distance Separable）符号[6]を利用した$[n, k, d]$ MBR符号[9]を紹介する。

(4)　Shah らのMDS符号を利用した $[n, k, d]$ MBR 符号

Shah らの $[n, k, d]$ MBR 符号は、$d=n-1$ を満たす任意の n、k、d に対して構成できる。ここで、$\mathbf{S}=\mathbb{F}_q^{k(2d-k+1)/2}$, $\mathbf{U}=\mathbb{F}_q^d$, $\mathbf{V}=\mathbb{F}_q$ とおく。このとき、ストレージと修復バンドワイズが

$$\alpha=\gamma=d\log q \tag{40}$$

となり、この符号の修復バンドワイズとストレージの組がMBR点と一致する。

Shah らのMDS符号を利用した $[n, k, d]$ MBR 符号

〈分散情報生成フェーズ〉

まず、$\left[\binom{n}{2},\ k(2d-k+1)/2\right]$-MDS 符号を用いて、オリジナル情報 $s\in\mathbf{S}$ を長さ $\binom{n}{2}$ の符号語に符号化する。ここで、n 個の頂点からなる完全グラフを考える。このグラフの辺の総数は $\binom{n}{2}$ なので、これらの辺に符号語シンボル c_i, $1\leq i\leq\binom{n}{2}$ を1シンボルずつ割り当てることができる。このグラフの各頂点を n 個のノードにそれぞれ対応させ、各ノードに接続している辺に対応する $d=n-1$ 個の符号語シンボルをそのノードの分散情報とする。

〈オリジナル情報復元フェーズ〉

DCは任意の k 個のノードから分散情報を受信することで、重複も含め $k\alpha\,(=kd)$ 個の符号

語シンボルを得る。また、任意の二つのノードは必ず共通の符号語シンボルを1シンボルだけ記憶しているので、DCが受信したkd個の符号語シンボルには、$\binom{k}{2}$の重複がある。したがって、DCはk個のノードから$kd-\binom{k}{2}(=\omega)$個の異なる符号語シンボルを得る。$\left[\binom{n}{2}, k(2d-k+1)/2\right]$-MDS符号の性質により、$k(2d-k+1)/2$個の符号語シンボルから符号語を正しく復号できる。よって、DCは保管情報sを一意に復元できる。

〈故障ノード修復フェーズ〉

任意の故障ノードに対して、そのノードが記憶する分散情報に対応する$d(=n-1)$個の符号語シンボルは、残りの$n-1$個のノードの分散情報の中に、それぞれ1個ずつ含まれている。したがって、各ヘルパーノードは、故障ノードと共通の符号語シンボル1個を再生成情報として新規ノードに送ることで故障ノードの分散情報が再生成できる。

上述のShahらの$[n, k, d]$ MBR符号の故障ノード修復フェーズでは、修復するd個ノードの分散情報からそれぞれ1シンボル読み込み、それを再生成情報としてそのまま新規ノードへ送信しているので、算術演算を必要としない符号化なしの修復（uncoded repair）を実現している。したがって、この符号では演算機能を有する高性能なノードを用意する必要がないというメリットがあるが、$d=n-1$の場合にしか適用できない。一方、$k \leq d < n$を満たす任意のn、k、dに対して構成できる一般的な$[n, k, d]$ MBR符号が提案されているが[8]、この符号は

符号化ありの修復となる。

上記のShahらのMDS符号を利用した$[n, k, d]$ MBR符号に対して、以下の定理が成立する。

定理8 ShahらのMDS符号を利用した$[n, k, d]$ MBR符号は、$[n, k, d]$ MBR符号となる。

まとめ

本稿では、一般の分散ストレージシステム、安全な分散ストレージシステム、修復可能な分散ストレージシステム、及び各位ステムの実現する具体的な構成法について概説した。

謝辞

本研究の一部は、JSPS科研費JP16K00195の助成による。

参考文献

（1） G. R. BLAKLEY. Safeguarding Cryptographic Keys. *AFIPS 1979 Nat. Computer Conf.*, Vol. 48, pp. 313-317, 1979.

（2） G. R. Blakley and Catherine Meadows. Security of Ramp Schemes. In *Proceedings of CRYPTO 84 on Advances in Cryptology*, pp. 242–268, New York, NY, USA, 1985. Springer-Verlag New York, Inc.

（3） Thomas Coverand Joy Thomas. *Elements of Information Theory 2nd Edition*. Wiley-Interscience,

2006.

(4) Alexandros G. Dimakis, P. Brighten Godfrey, Yunnan Wu, Martin J. Wainwright, and Kannan Ram-chandran. Network Coding for Distributed Storage Systems. *IEEE Transactions on Information Theory*, Vol. 56, No. 9, pp. 4539–4551, 2010.

(5) E. Karnin, J. Greene, and M. Hellman. On Secret Sharing Systems. *IEEE Transactions on Information Theory*, Vol. 29, No. 1, pp. 35–41, 1983.

(6) F. J. MacWilliams and Neil James Alexander Sloane. *The Theory of Error-Correcting Codes*. North-. Holland Pub. Co, Sole Distributors for the U.S.A. and Canada, Elsevier/North-Holland, 1977.

(7) Dimitris S. Papailiopoulos and Alexandros G. Dimakis. Locally Repairable Codes. *IEEE Transactions on Information Theory*, Vol. 60, No. 10, pp. 5843–5855, 2014.

(8) K. V. Rashmi, Nihar B. Shah, and P. Vijay Kumar. Optimal Exact-Regenerating Codes for Distributed Storage at the MSR and MBR Points via a Product-Matrix Construction. *IEEE Transactions on Information Theory*, Vol. 57, No. 8, pp. 5227–5239, 2011.

(9) Nihar B. Shah, K. V. Rashmi, P. Vijay Kumar, and Kannan Ramchandran. Distributed Storage Codes with Repair-by-Transfer and Nonachievability of Interior Points on the Storage-Bandwidth Tradeoff. *IEEE Transactions on Information Theory*, Vol. 58, No. 3, pp. 1837–1852, March 2012.

(10) Nihar B. Shah, K. V. Rashmi, P. Vijay Kumar, and Kannan Ramchandran. Interference Alignment in Regenerating Codes for Distributed Storage: Necessity and Code Constructions. *IEEE Transactions on Information Theory*, Vol. 58, No. 4, pp. 2134–2158, 2012.

(11) Adi Shamir. How to Share a Secret. *Communications of the ACM*, Vol. 22, No. 11, pp. 612–613, November 1979.

（12） Itzhak Tamo and Alexander Barg. A Family of Optimal Locally Recoverable Codes. *IEEE Transactions on Information Theory*, Vol. 60, No. 8, pp. 4661–4676, 2014.
（13） 山本博資、（k, L, n）しきい値秘密分散システム、信学論（A）、Vol. J68-A, No. 9, pp. 945–952, September 1985。

消費者のスマートフォン利用が企業のビジネス・プロセスに与える影響

金森孝浩

はじめに

米国 Amazon が実店舗スーパー「Amazon Go」の実証実験を発表した。この Amazon Go は、実店舗を持たないインターネット専業の Amazon が、実店舗スーパーをはじめることに注目が集まった。とりわけ、特徴的なことは店舗の利用者が、「陳列されている店の商品を直接マイバッグに入れ、店を出る」というショッピングスタイルを提案したことである。

一般的に考えれば、「商品決済」を実施しないで店舗をでることは「万引き」と言われる犯罪行為である。無論、Amazon は、このような行為を助長しているわけではない。

事前にスマートフォンの専用アプリに個人情報、決済情報を登録し、入場ゲートにかざす。これにより、来店客個人を店内で把握し、最先端の技術を用いることで利用者にピッキング、決済、梱包、などの企業がこれまで関与してきた作業の一部を消費者に担ってもらうことでスーパーマーケットにおける業務の効率化をはかろうというのである。

ここで使われている技術は、人工知能(Artificial Intelligence)、IoT(Internet of Things)、クラウドコンピューティング(Cloud Computing)、ビッグデータ(Big Data)など、本稿執筆時点の二〇一七年九月時点における情報通信関連産業のホットワードばかりである。これらの技術は企業内や企業間などの取り決めのもとに利用されるのならば有効活用は容易である。

しかし、そこに「消費者」というコントロールしにくい外部環境をいかに取り込んでいくのかが困難な課題であった。Amazon は、昨今の消費者はスマートフォンを利用することによって生活しているため、その技術を自社のシステムと連結させることにより、ビジネス・プロセスを大きく変えようという試みに出てきたものと思われる。

そこで本稿では、企業の経営情報システムが対象としてきたビジネスの領域に焦点を当て、そのなかでスマートフォンの利用がビジネス・プロセスにどのような影響をもたらしはじめているのかを考察する。これにより、これまで不明瞭であった企業と消費者、リアルな世界とネットの世界の関係について明らかにする。このことが、本稿の目的である。また、本稿の意義は、今後のビジネス・プロセスを検討するうえでの企業と消費者、リアルとネットの関係性を考える上での示唆を提供したことである。

一　経営情報システムの発展とスマートフォンの登場

(1)　経営情報システムの発展

企業の経営情報システムの活用は、一九五〇年代頃からはじまり、論者によってその定義は異なる。しかし本稿において経営情報システムは、「企業などの組織の経営におけるコンピュータベースの情報システムのこと」と定義する(野々山 二〇一四、一〇頁)。この経営情報システムの企業における活用は、一九五〇年代後半から約二〇年ごとに新たな技術の登場とともに重層的に発展を迎えているのである(島田・高原 二〇〇七、一五頁)。

企業における経営情報システムの発展について島田・高原は、「一九五〇年代後半からメインフレームの時代(汎用機の時代)、パソコンの時代、インターネットの時代、ユビキタスネットの時代と約二〇年ごとに過去の技術を踏襲したうえで重層的に発展している」と指摘している(島田・高原 二〇〇七、一五頁)。

企業の経営情報システムの活用では、一九五〇年代後半のメインフレームの時代、一九七〇年代後半のＰＣ(パソコン)の時代が到来し、コンピュータの利用が企業の組織内や組織間での業務の省力化、効率化に使われはじめた。その後、一九九〇年後半にはいるとインターネットの時代が到来することになる。この頃になると、Microsoft の Windows95の発売と同時に、インターネットが一般家庭で利用されるようになる。特にeメールによるコミュニケーションやインターネットを使ってビジネスをおこなうことが可能になった。Amazon や楽天市場のような「ネットビジネス」が普及しはじめる。また、Google などの検索エンジンポータルの普及も相まって誰でも利用しやすい環境が整備されたのである。

二〇一〇年代にはいると、ユビキタスネットの時代が到来する。ユビキタスネットのユビキタス(Ubiquitous)とは、ラテン語で「偏在する」という意味であり、換言するならば「いつでも」、「どこでも」「誰でも」、インターネットなどのネットワークに接続されている環境のことを言う。

本稿執筆時点の二〇一七年は、まさにユビキタスネットの時代である。パソコンやスマートフォン、タブレットなど、利用者が意識的にインターネットを経由して利用するコンピュータだけでなく、家電製品、家庭内にある鍵や防犯装置など、あまり意識しないうちにインターネットに接続しているものも多く登場している。昨今では、こうしたモノが自律的にインターネットに接続し、情報通信をおこなっていることをＩｏＴ、別名「モノのインターネット」ともいう。

(2) スマートフォンの登場

米国Appleの故スティーブ・ジョブズ(Steve Jobs)は、スマートフォン(Smart Phone)「iPhone」を発表し、世界中に驚きをもたらした。

このiPhoneは、誰もが使ってみたいと思うほど美しいデザイン、画面を指先で触れることで簡単に操作できるインターフェースをもった従来の携帯電話とは異なる特徴を有しており、世界中のギークと呼ばれるオタク層だけでなく、老若男女問わず利用される情報通信機器として認知されたのである。

無論、スマートフォンは、論者によって様々な捉え方、定義が存在しているツールでもある。本稿では、スマートフォンを「通信機能の搭載された小型軽量のコンピュータ」と定義する。

スマートフォンは、常時携帯電話の通信網を介してインターネットに接続されている。また、ディスプレイ上に表示される仮想的なボタンをタップすることによって端末の制御をおこない、従来の携帯電話のように物理的なボタンは、存在しない。そのため、スマートフォンには後からアプリと呼ばれるプログラムによって機能を拡張することが可能である。アプリと聞くとまったく新しい物のように聞こえるがアプリケーションソフトウェア(Application Software)の略称であり、パソコンが主流だった頃にはソフトと呼ばれていたハードウェアを制御するソフトウェアプログラムのことである。また、スマートフォンのスマートという語源は、「細身な、スリムな電話機」や「賢い電話機」という日本語訳をつけることもできる。しかし、その実態は、電話機では無くアプリによって通話機能をもったコンピュータなのである。

アプリをダウンロードし、スマートフォンに入れることで同じ端末であっても中身は一人一人全く異なるものになる。世界に一つのオリジナルなデバイスが作られる。その用途は、アプリの数だけ存在しており、SNS(Social Networking Service)によるコミュニケーション、インターネットショッピング、天気予報、動画閲覧など、枚挙にいとまがない。こうしたスマートフォンはコミュニケーションツールとしての側面だけでなく、様々な用途で利用されはじめている。

最近では、アプリを追加することにより、スマートフォンに内蔵されている様々なセンサーを制御できるため、家の扉の鍵、財布、クレジットカード、ポイントカード、預金通帳、ヘルスメータなど、私たちの生活必需品がスマートフォンひとつで使用可能となっている。

次節以降では、スマートフォンの登場が、経営情報システムにどのような影響を与えはじめているのかを考察する。

二　経営情報システムにスマートフォンが与える影響

企業における経営情報システムを取り巻く技術環境は、大きく変わりはじめ、技術により多くのことができるようになったと思われる。スマートフォンは、個人が利用する消費者向けの端末のように見える。しかし、スマートフォン単体は非力なものであるが、インターネットを通じてクラウド上にある情報資源と接続することで、スマートフォンの特徴である消費者の行動を随時補足できるという恩恵を企業が受けられるようになったのである。このことは、遠山・村田・岸(二〇一四)で遠山が指摘している昨今のビジネス環境における問題解決の糸口になりうるものと考えられる。

遠山は、「現在は、顧客をビジネス・プロセスの客体であるかのように二分法的に扱って、提供側だけでビジネス・プロセスを構築して運用管理することが不可能になりつつある」と論じ、インターネットを使うことによる消費者の主体的な参加は「ビジネス・プロセスの外延的拡大であり、ビジネス・プロセスの消費者の生活プロセスの一部との融合ともいえる。しかもこの局面は、企業側にはコントロールできないビジネス・プロセスともいえる」と指摘している(遠山・村田・岸 二〇一四、三〇〇―三〇一頁)。

すなわち、今後の企業の戦略を考えるうえでは、企業側にコントロールできない要素を企業が積極的に取り込むことは、他社との差別化を図るためには重要であり、いかにしてビジネス・プロセスに組み込んでいくのかが必要となる。そのため、スマートフォンは、消費者が肌身離さず利用する情報通信機器であり、そこから得られる情報は企業にとって大変有意義なものになるため、企業の経営情報システムの一部として検討する必要がある。

そこで、本稿では「企業と消費者」、「リアルとネット」という視点から、企業の経営情報システムの発展が、企業にどのような影響をもたらすのか議論を展開してみることとする。

(1)　メインフレームの時代

メインフレームの時代の対象は、図1に示されるように、コンピュータの利用は、とりわけ、「企業のリアル」を対象とするものであり、企業内の業務効率化、省力化をはかるために利用されていたのである。無論、メインフレームは、大変高価なコンピュータであるためその費用も高額であった。それゆえに、企業内でも一台のコンピュータを複数人で利用するという状況が一般的であった。

(2)　パソコンの時代

パソコンは、メインフレームよりも安価なコンピュータである。そのため、一人に一台コンピュータが利用されるようになり、情報処理技術者のような専門家だけでなくエンドユーザと呼ばれる一般業務をおこなう人々もコンピュータを容易に利用するようになった。

代表的な例がＰＯＳ(Point of Sales)システムである。このＰＯＳは、おもに店舗に設置され、

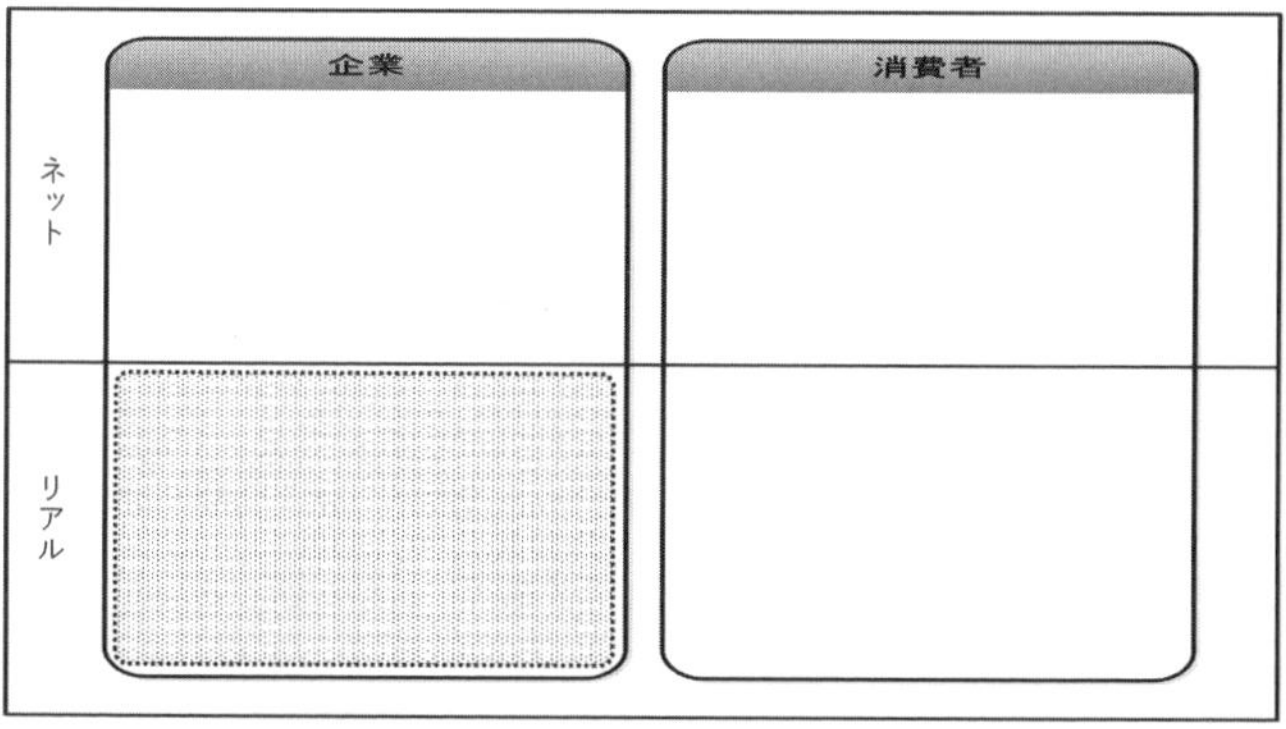

出所：筆者作成。

図１　メインフレームの時代の情報取得領域

消費者が商品購入時にどのような商品を購入したのかを商品に添付されたバーコードで把握することを可能にした。こうしたデータを取得できるようになることで、企業の生産管理や販売管理などの業務にもコンピュータが利用されやすくなった。

しかしながら、パソコンの時代でのコンピュータ利用は、図２に示されるように、企業と消費者の関係においては、消費者のごく一部の実態を示すに過ぎないことに注意が必要である。なぜならば、ＰＯＳや顧客関係管理などで取得できる情報は、流通業などにおいては、企業と消費者の取引時に限定されており、その取引時点の情報しか、企業は情報を取得できないからである。

(3)　インターネットの時代

インターネットの普及は、インターネット上で

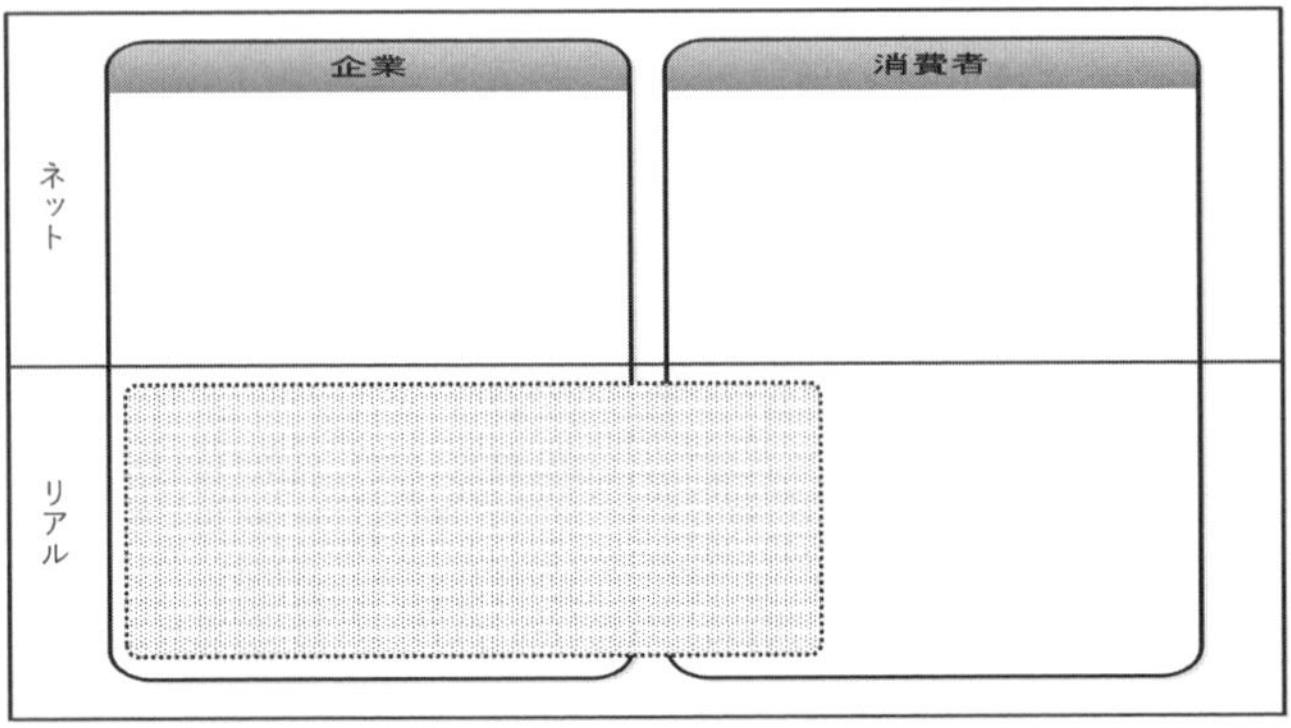

出所：筆者作成。

図２　パソコンの時代の情報取得領域

の消費者の行動を随時把握することを可能にした。特にネットビジネスなどは、企業が直接消費者と取引できることから注目を浴びている。こうした商品の取引だけでなく、インターネットの利用は検索エンジンに直接入力したキーワードやＷｅｂサイトでのクリック率、滞在時間、マウスカーソルの移動状況など、様々な情報を企業は取得できるようになっている。しかし、インターネットの時代では、パソコンでのインターネット利用が前提に検討されており、消費者のネット上の行動を取得しやすいが、「パソコン使用中の行動のみ」に限られる。また、この頃のパソコンの利用は多くの場合、自宅や職場などの固定された環境であり「移動を伴わない」ものである。それゆえ、いくら消費者のことを知りやすくなったからとはいえ、企業は消費者のリアルな生活に接近すること

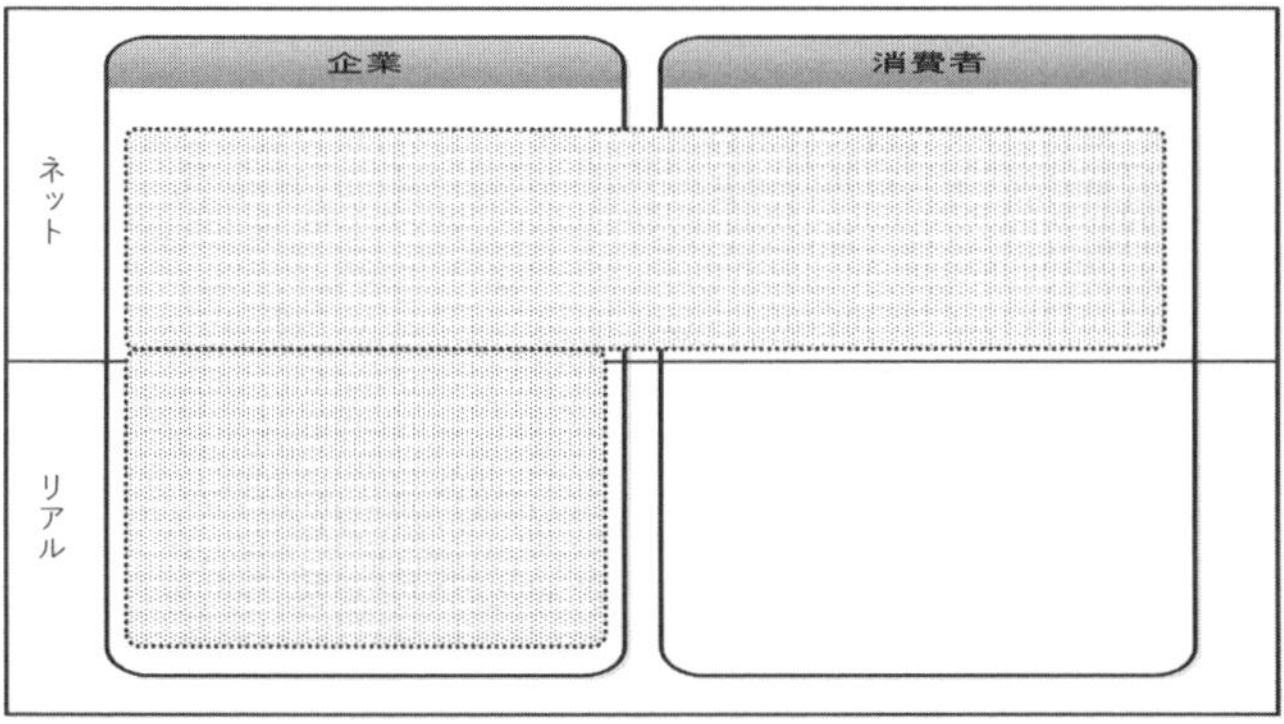

出所：筆者作成。

図３　インターネットの時代の情報取得領域

は難しかったのである。

(4)　ユビキタスネットの時代

ユビキタスネットの時代が到来することにより、一人が複数台のコンピュータを利用するようになる。日常生活のなかでパソコン、スマートフォン、タブレットなどの利用者が直接操作するコンピュータだけでなく、生活家電のなかにもコンピュータが入り、我々の生活を支援していることを忘れてはならない。

パソコンとインターネットが普及した後に登場した、スマートフォンが普及することでより顕著となる。消費者が利用するスマートフォンは、企業のメインフレームのように個々の端末の性能はそれほど高くはない。安価なコンピュータがインターネットとつながることで複数のコンピュータ

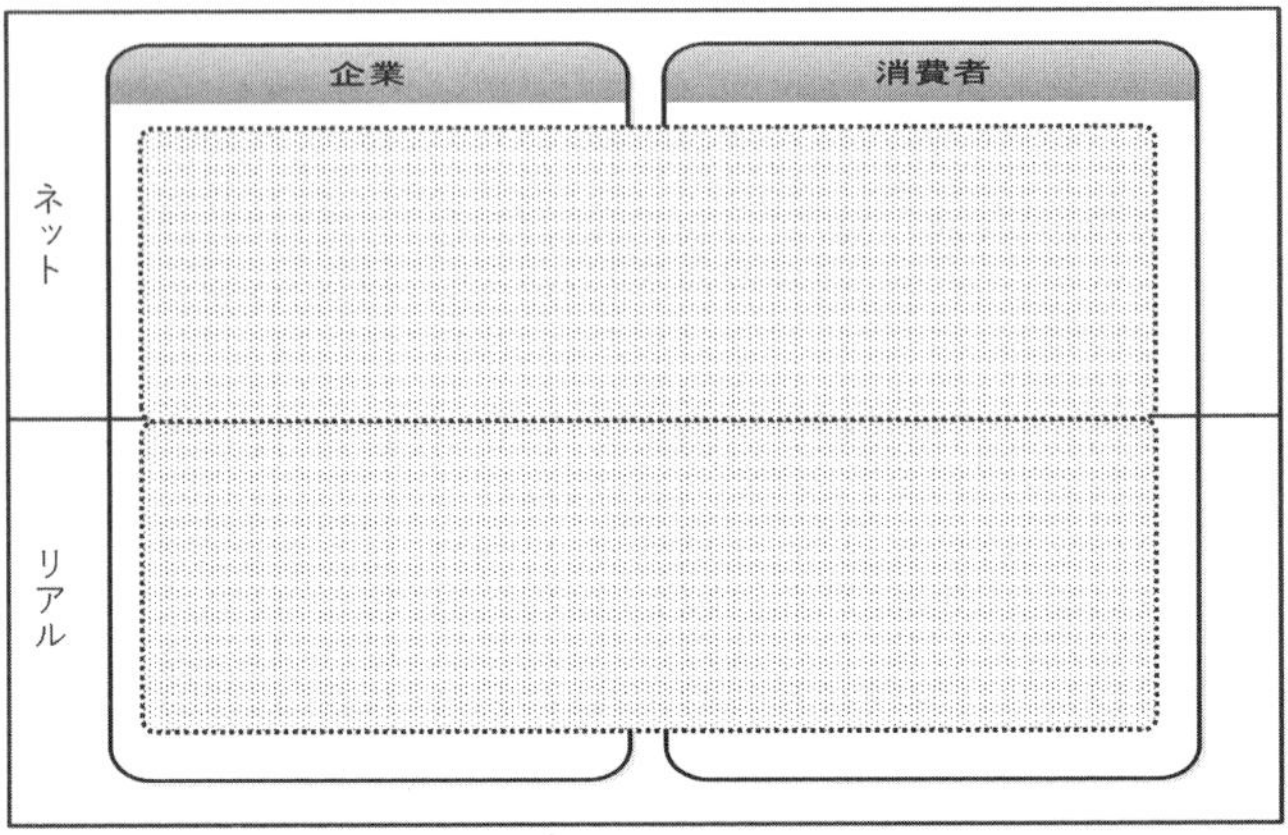

出所：筆者作成。

図4　ユビキタスネットの時代の情報取得領域

を束ねることで、より高度な処理を実現させている。それゆえ、スマートフォンのような小型軽量な端末でも高度な処理を実施できるようになったのである。これにより従来困難とされてきたインターネットを経由して消費者のリアルへの干渉を実現することが可能になった。

　とりわけ、スマートフォンが普及したことにより、大きな変化が見られることになる。スマートフォンは、戸倉・金森ほか（二〇一六）が論じているように消費者が日常生活において肌身離さず利用するウェアラブル（Wearable）な端末である。ポケットのなかに収まり、「いつでも」、「どこでも」インターネットを利用することができる。このことにより、企業は自宅以外の外出先における消費者の閲覧行動を把握できる。また、スマートフォンに内蔵されているＧＰＳ(Global Positioning System)やＮＦＣ(Near Field Communication)、Bluetoothなどのセンサからクラウドとアプリを経由することで様々な消費者の生活行動を把握することができる。

そのため、図４に示されるようにユビキタスネットの時代が到来したことにより、企業は、消費者のリアルとネットの状態を把握しやすくなったことはいうまでもない。とりわけ、スマートフォンなどのウェアラブル端末を使用するため「消費者の移動を伴う」ニーズの変化にも直接対応しやすくなるのである。

こうした万能ツールと化したスマートフォンを起点にすることで、消費者が困っている時、商品を欲しいと思った時に、企業は時間と空間を超えて消費者とつながることが可能となった。このことをビジネスに組み込むことで、消費者を起点とした新しいサービスが続々と登場しはじめている。いわばスマートフォンの普及によりビジネス領域においてイノベーションが起きはじめており、従来とは異なる社会が形成されつつあることも認識しなければならない。

三　消費者を起点とすることによるビジネス・プロセスの変化

(1)　消費者を起点とするビジネス・プロセス

ここまで消費者がスマートフォンを活用することで消費者の「移動を伴う」、「リアルな世界」

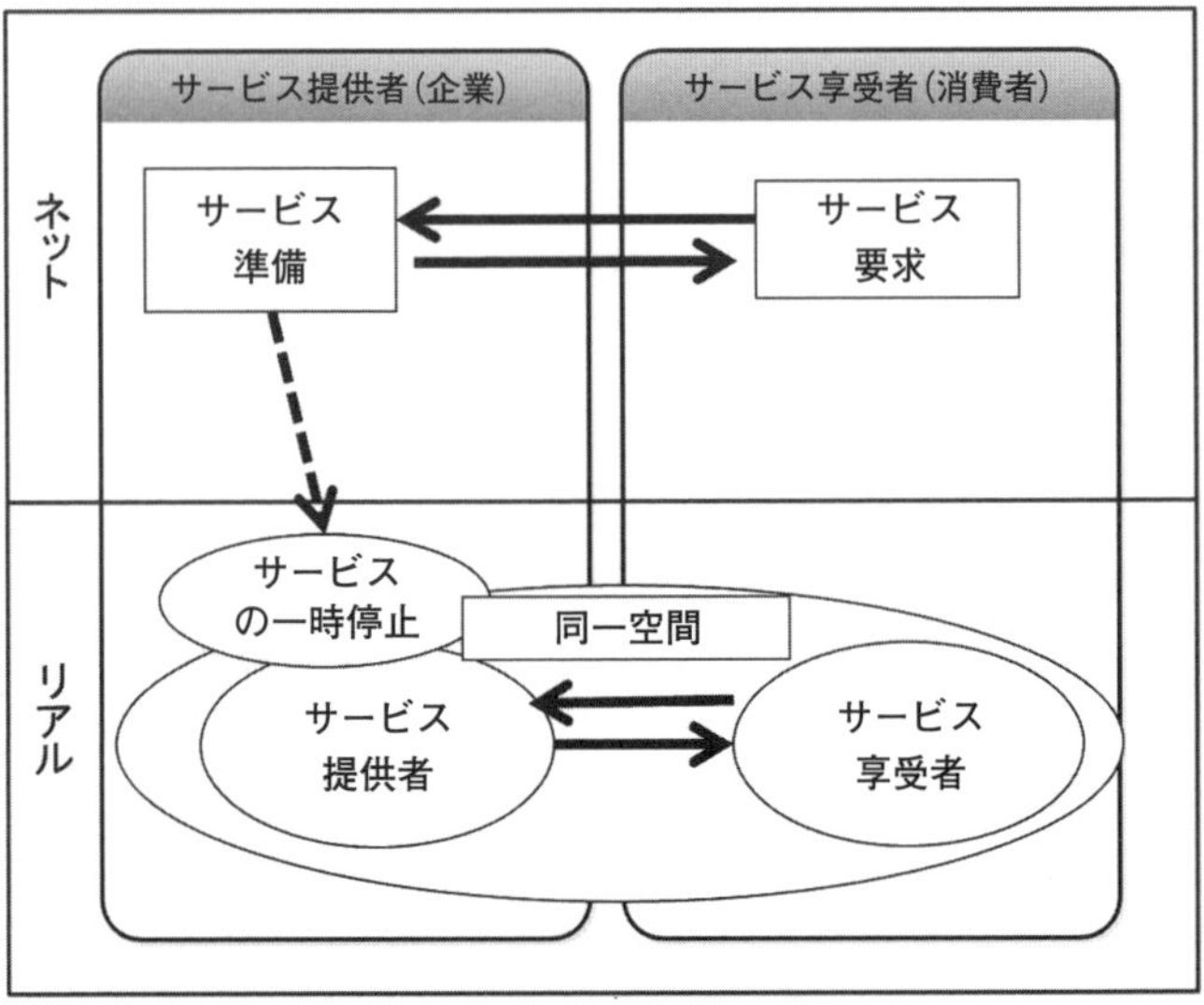

出所：金森(2017)をもとに筆者加筆修正。

図5　消費者を起点することによるリアルとネットのビジネス・プロセスの融合

の状態を随時把握しやすくなったことを論じた。

金森（二〇一七、一―七頁）は、消費者がスマートフォンを使うことで、企業から消費者にサービスを提供する際の企業のビジネス・プロセスにおいて「企業のサービス・デリバリー・システムの拡張に貢献し、サービスにおける同時性と消滅性を一時的に解消する」と論じている（図5）。

これにより、サービスを提供する企業は、消費者の時間的・空間的なニーズを自社のサービスに取り込み差別化しやすくなったのである。とりわけ特徴的なことは、企業と消費者の間に存在する「時間」と「空間」の隔たりをリアルとネットによって補完していることにある。

金森(二〇一七)の図5に示されるように消費者は、ネットで企業に対して事前にサービスの要求を行っている。その要求を企業がネット上で受理することによって来店する客への準備を行うのである。その後、リアルに存在する企業店舗に訪れた消費者にサービスを提供するのである。重要なことは、ネットを経由して事前に消費者のことを企業が把握できているということにある。

従来のリアルのみの企業では、将来的に来店する客を「確実に補足」できなかった。しかし、スマートフォンを消費者が日常利用するようになり、移動を伴った変化するニーズを企業がくみ取りながら、その時々に合わせた時間や場所で随時サービスを提供可能になるのである。

次節では、こうした消費者を起点とすることによってビジネス・プロセスを変えはじめた事例をもとに検討する。

(2) 消費者起点による宿泊サービスのビジネス・プロセスの変化

宿泊予約の仲介はインターネット登場後早々と登場したインターネットビジネスであり、広く認知されている。しかし、早くからインターネットを取り入れたとはいえ、実際に行っているビジネスは、電話予約で行う業務の一部を置き換えているにすぎない。

ビジネス・プロセスとしては、インターネット上より宿泊予定先の部屋を決め、チェックイン時刻を設定し、クレジットカードによる事前決済を行う。しかし、実際に宿泊当日には、受付に立ち寄り、決済確認のサインを行い、鍵を受け取ることになる。ここには必ず人が媒介することになり、受付時間にほかの客が集中することもあり、混雑することも多々ある。また、部屋に自分好みのアメニティが無かった場合、宿泊客はあまりよい印象を宿泊先にもたないこともある。

その一方で米国を拠点とし、宿泊サービスを提供するヒルトンホテル（以下、ヒルトン）は、スマートフォンのアプリを利用することで自社のサービス品質の向上と従業員の労働力の省力化というトレードオフの解消を図っている。

ここでは、ヒルトンの提供する会員サービス「ヒルトン・オナーズ」をもとに検討していくこととする。ヒルトンは、この会員サービスをスマートフォン向けアプリで提供することにより、サービス品質の向上に努めている。このアプリを消費者が自身のスマートフォンに入れておくことで、自身の母国語を前提として、①オートチェックイン、②宿泊したい部屋の予約、③アメニティの好み、④鍵の受け渡しの簡素化、⑤クレジット決済、が可能となる。その後、宿泊サービスを受けたホテルから領収書がアプリまたはメールにて届く。

具体的には宿泊客は、ヒルトンに宿泊する日程などをアプリ経由で予約する。そこでは、消費者の個人情報の登録だけでなく、宿泊したい部屋や部屋に用意される枕の高さ、固さ、飲み物の種類、などのアメニティの特徴を選択することができる。その後、決済情報の登録をもって手続きは完了となる。

その後、チェックイン時刻の二四時間前になると消費者のスマートフォンにチェックインが完了した旨のメッセージが届き、アプリで利用できる当日宿泊する部屋のデジタルキーが届く。

宿泊当日には、すでにチェックインが完了しているため、受付によらず、そのまま予約した部屋に向かい、ドアの前でアプリを起動し「デジタルキー」のボタンをタップすることでドアのロックが解錠される。無論、このデジタルキーは部屋だけに利用するものではない。ホテル内のエレベータの停止階制御やプールなどの付帯設備にも利用可能である。

そのため、企業にとっては客の行動範囲を制限することができ、セキュリティを確保することも可能になる。

その後、部屋の鍵をスマートフォンによって解錠し、部屋に入るとなかには事前に連絡をした客の好みにあったアメニティが必要に応じて準備してある。そのため、企業にとっては、あらかじめ客の好みを把握しているため、チェックインし部屋でくつろいでいる最中に、自分好みのアメニティがなかった場合に、フロントに連絡する必要がなくなり客の不満を減らす効果がある。

ホテルのチェックアウト時刻が経過すると、自動的にクレジットカードの決済が行われ、客のスマートフォンに領収書が届けられる。宿泊客は、自分の好きなタイミングでサービスの提供を受けることが可能になるのである。

以上のことは、先の金森(二〇一七)のフレームワークをもとに検討すると、消費者を起点とすることで客の情報を事前に企業が取得でき、客の好きなタイミングで種々一連のサービスを提供し、顧客満足度を高めた例であるといえる。一方で、企業は従業員の介在を極力少なくすることができ、従業員の労働を省力化し、従業員のリソースを接客サービスに充分に割り当てることが可能になったのである。

おわりに

本稿では、企業の経営情報システムが対象としてきたビジネスの領域に焦点を当て、そのなかで経営情報システムの発展にスマートフォンがどのような要素を付加してきたのかを検討した。

スマートフォンを消費者が日常的に利用することで、企業は消費者のリアルな世界の日常生活を知る術を得たのである。これにより、企業は消費者が来店する前の情報を事前に取得することができ、その情報をもとにサービスを提供したりすることが可能になる。また、昨今のスマートフォンは、物理的な鍵や財布などと同等の役割を果たすことができるため、消費者に従業員が受け渡しなどをする必要もなくなる。これまで従業員が実施していた作業を消費者みずからが実施するため、企業側の労働の省力化につながる。

本稿で取り上げた事例は、先駆的な事例である。しかし、消費者のスマートフォン利用が企業のビジネス・プロセスに与える影響を充分に吟味し、消費者の行動や情報技術の利活用とビジネス・プロセスをうまく融合させることが、今後のビジネスを考えるうえで重要な示唆をもたらしたものといえよう。

無論、課題もある。消費者の多くが日常的にスマートフォンを使うようになりはじめたとはいえ、必ずしも全員が同じように企業が提供するアプリを使えるとは限らない。なぜならば、金森(二〇一四、七一―七六頁)が指摘しているように、スマートフォンが使えることと、企業が提供するアプリを利用するまでの間には、壁が存在し、利用者の情報リテラシーによって、企業のサービスそのものを提供できなくなる恐れもあるからである。

こうしたことも踏まえたうえで、今後いかにして企業と消費者、リアルとネットの融合をはかれるようにするかが今後の課題である。

参考文献

金森孝浩（二〇一四）「O2O環境におけるマーケティング戦略に関する考察——消費者起点のオンライン・サービス・インターフェースの重要性」『日本経営システム学会学会誌』第三一巻第一号、七一—七六頁。

金森孝浩（二〇一六）「消費者の高度情報化がもたらす企業への貢献と課題——O2O環境の到来による消費者起点型ビジネスの実現にむけて」『横浜市立大学大学院国際マネジメント研究科　博士学位論文』一—五一頁。

金森孝浩（二〇一七）「O2O環境における消費者起点のマーケティング戦略に関する考察——消費者の情報化を活用したサービス・デリバリー・システム拡張による差別化戦略」『日本経営システム学会誌』第三四巻第一号、一—七頁。

金森孝浩・柳田義継・立川丈夫・荒川峰彦・戸倉貴史・戸倉正貴・山室達雄（二〇一七）「Proactive によるビジネス・プロセスイノベーション——IoTのもたらす経営システムの革新」『第五八回日本経営システム学会全国研究発表大会講演論文集』二四—二七頁。

島田達巳・高原康彦（二〇〇七）『経営情報システム〈改訂第三版〉』日科技連。

遠山暁・村田潔・岸眞理子著（二〇一四）『新版補訂　経営情報論』有斐閣アルマ。

戸倉貴史・金森孝浩・荒川峰彦・立川丈夫・戸倉正貴・柳田義継（二〇一六）「Proactive モデルによるビジネス教育の研究」『第五六回日本経営システム学会全国研究発表大会講演論文集』一五〇—一五三頁。

野々山隆幸編著（二〇一四）『最新ITを活用する経営情報論——モバイルからビッグデータまで』テン・ブックス。

Amazon Go、https://www.amazon.com/b?node=16008589011、二〇一七年九月二九日アクセス。

ヒルトン・オナーズ・アプリ、http://hiltonhonors3.hilton.com/ja_JP/hhonors-mobile-app/index2.html、二〇一七年九月二九日アクセス。

金融の姿を変えるFinTech（フィンテック）革命
――金融の創造的破壊の号砲が轟き渡る――

可児　滋

はじめに

FinTech（フィンテック）という言葉が、毎日のごとくメディアで取り上げられている。本日は、まずFinTechとはなにかを概観した後、FinTechはどのような金融分野を手掛けているのか、また、FinTechにはどのような技術が活用されているのか、そして、既存の金融機関はFinTechにどのように向き合うべきか、を皆様と一緒に考えていきたい。

一　FinTechとは何か

(1)　X-Techを代表するFinTech

FinTechは、Finance（金融）とTechnology（技術）の合成語で、ＩＴにより金融分野において顧客にとって利便性を高める金融商品・サービスの提供や新商品・サービスを創造することを意味する。

すなわち、FinTechは、インターネットやスマートフォン（以下スマホ）等を使って、既存の金融商品・サービスのコスト削減等による効率化や、既存の金融商品・サービスの拡充、さらには新たな金融商品・サービスの創出を実現することをいう。

FinTechは、X-Techを代表するものということができる。ここで、X-Techの〝X〟には、金融界を含むさまざまな業界が当てはまることとなる（表1）。

(2)　FinTechの盛行をもたらした要因

それでは、X-Techを代表するまでとなったFinTechを盛行させた要因は何か。この要因は、以下の3点に整理することができる。

①　コンピュータの情報処理能力の飛躍的な向上

コンピュータの情報処理能力の向上には、目覚ましいものがある。そして、ＩＴを活用する

表1　X-Tech の種類

造語	組合せ	IT と融合する業界
FinTech	Finance × Technology	金融、証券
InsTech	Insurance × Technology	保険
RegTech	Regulation × Technology	規制、コンプライアンス
EdTech	Education × Technology	教育
HRTech	Human Resources × Technology	人事
AdTech	Advertisement × Technology	広告
MarTech	Marketing × Technology	マーケティング
RetailTech	Retail × Technology	小売
LegalTech	Legal × Technology	法務
MediTech	Medical × Technology	医事
HealthTech	Healthcare × Technology	ヘルスケア
SportTech	Sport × Technology	スポーツ
AgriTech	Agriculture × Technology	農業
FoodTech	Food Industry × Technology	食品
RETech	Real Estate × Technology	不動産
FashTech	Fashon Industry × Technology	ファッション
GovTech	Government × Technology	公的部門

出所：筆者作成。

コストも劇的に低下している。

②　消費者行動の変化

消費者の間に、インターネットや、スマホ・タブレット端末等のモバイル機器が普及するにつれて、消費者のニーズは、いつでもどこからでも金融商品・サービスにアクセスすることができるユビキタスの環境を求める傾向が急速に強まっている。

③　FinTech ベンチャー企業の躍進

FinTechがX-Techを代表するまでとなったドライバーは、FinTechベンチャー企業である。既存の金融機関が消費者行動の変化に機動的、弾力的に対応するには、従来のシステムの手直しが必要となり、これには多大な時間とコストを要する。

これに対して、FinTechベンチャー企業は、あらゆる金融商品・サービスを提供する百貨店型の既存の金融機関とは異なり、ITを活用してある機能、業務に特化するブティック型のビジネスモデルで、いわば白紙からシステムを構築して、消費者のニーズをきめ細かく汲み取ることに成功している。

(3) FinTechベンチャー企業が手掛ける金融サービスの概要

FinTechのトレンドを引っ張るFinTechベンチャー企業が手掛ける金融サービスの分野をみると、既存の金融機関が提供しているビジネスの大半をカバーしている状況となっている。

すなわち、決済では、インターネットを活用したweb決済、モバイル決済があり、また後述するビットコイン等の仮想通貨が決済に使用されている。また、送金では、SNSを使った送金等が行われている。さらに融資・出資では、東日本大震災で一躍脚光を浴びたクラウドファンディングがある。そして、企業の営業支援や財務管理では、モバイル機器を活用したマーケティングや会計処理を総合的にサポートする財務管理ソフトが提供されている。また、投資アドバイスは従来、富裕層向けで高い手数料が必要とされてきたが、人間に代わってロボットが一般の投資家向けに最適な投資の選択肢を提供するといったロボアドバイザーが出現している。一方、家計を守る主婦にとっては、家計簿を容易に付けることができるサービス等が提供されている。

また、保険では、たとえば自動車保険についてドライバーが事故を起こさないような慎重な運転を行っているかどうかを、ITの活用により把握して、それを保険料に反映させるといった保険商品も販売されている。

(4) FinTechベンチャー企業のランキング

世界のFinTechベンチャー企業に対して毎年ランキング付けを行っているケースがいくつかみられるが、表2は、このうちKPMGとH2 VenturesによるFinTech100と称するサーベイの結果をみたものである。これは、世界中のFinTechベンチャー企業のなかから一定の基準で100社を選出するというもので、その基準は、次の3点である。

① 投資家からの資金調達額と増加率
② FinTech活用の地理的、分野の広がり
③ 製品・サービス・ビジネスモデルのイノベーションの度合い

表2　KPMG による FinTech100の上位5社

順位と社名 （かっこ内は昨年の順位）	拠点所在国	FinTech 分野
1．Ant Financial（新）	中国	決済
2．Qudian（4）	中国	融資
3．Oscar（2）	米国	保険
4．Lufax（11）	中国	融資、資産運用
5．ZhongAn（1）	中国	保険

出所：KPMG、H2 Ventures の資料をもとに筆者作成。

この選出結果をみると、中国勢の躍進が目立っている。中国の FinTech ベンチャー企業は、この調査開始の2014年では上位50社の中に1社のみが入っていたが、2016年は上位5社中4社を占め、また、上位50社中8社が入っている。

第1位の Ant Financial は、中国の中小企業、個人営業、消費者に決済プラットフォームを提供する FinTech ベンチャー企業で、資産運用、信用判定、クラウドコンピューティング等も手掛けている。

第2位の Qudian は、中国の学生の手で設立された消費者金融のプラットフォームを提供する会社で、クレジットカードを持っていないような若者や中高年の消費者を対象としている。

第3位の Oscar は、米国の医療保険の Fintech ベンチャー企業で、ニューヨーク州の医療機関との提携により、保険加入者と医療機関をスマホでつないで、保険加入者に対して医者の受診、ジェネリック薬品の処方、インフルエンザ等の予防注射、妊娠検査等が無料で受けられるサービスや、出産、手術、病気の再発等、医療費が嵩むケースでは医療費が割引になるサービスを売り物にしている。

第4位のLufaxは、中国で設立された融資と資産運用のプラットフォームを提供する会社で、企業や金融機関、適格投資家等に対して、ビッグデータ等を活用してリスク管理モデルや金融資産取引に関わる情報の提供、コンサルタントを行っている。

第5位のZhongAnは、インターネット関連会社のテンセントとe-コマースの大手Alibabaの金融子会社が中心となって2012年に設立された中国のオンライン専門の保険会社で、設立年だけで630百万件に上る保険契約を獲得している。同社では、ビッグデータを活用して、合理的な保険料の設定とリスク管理を行っている。

二 FinTechベンチャー企業が手掛ける金融サービスの分野別動向

以下では、FinTechベンチャー企業が手掛ける金融サービスを分野別にみることとしたい。

(1) 決済

決済は、FinTechが対象とする主要な金融分野である。

① モバイル決済

モバイル決済は、顧客、または店舗が所有するスマホ等のモバイル端末を使用して決済を行うサービスである。モバイル決済は、インストアペイメントとリモートペイメントに大別される。

このうち、インストアペイメント（店舗内決済）は、店舗内で店員と顧客が対面して、スマホ等のモバイル端末を使用して取引の決済を行うサービスである。これには、顧客が所有するモバイル端末を使う方法と、店舗が所有するモバイル端末を使う方法がある。

このうち、顧客が所有するスマホ等のモバイル端末を使うケースでは、顧客がカード情報等の決済情報をスマホに格納しておき、決済時にスマホからその情報を加盟店の決済端末に提示することで決済が行われる。このサービスは、スマホ等が財布代わりとなるという意味を込めて、「ウォレット（wallet）決済」とか、「モバイルウォレット（mobile wallet）決済」と呼ばれ、NTTドコモのおサイフケータイによるiDや、アップルのアップルペイ、グーグルのアンドロイドペイがある。

一方、店舗が所有するモバイル端末を使う方法は、店舗が所有するスマホ等に低廉なカードリーダーを接続して、クレジットカード等の決済端末として利用する方式で、一般的に「スマホ決済」と呼ばれているが、「モバイル決済」とか「カード決済」という場合もある。この方式は、クレジットカードの利用が少ない中小規模の店舗を持つ業者や屋台等の移動店舗、イベントの事業者でも、高額の専用カードリーダーを導入する必要がなく、レジなしにスマホ等によるクレジットカード決済が可能となり、運用コストを低く抑えることができるメリットがある。

また、顧客にとっては、従来、現金でなければ決済できなかったような小規模店舗等でも、クレジットカードを使うことが可能となるメリットがある。米国のFinTechベンチャー企業のSquareは、日本でも店舗所有のモバイル端末を使うクレジットカード決済サービスを提供している。

一方、リモートペイメント（遠隔決済）は、店員と顧客が対面することなく、インターネット上で取引の決済を行うサービスで、Mコマース（mobile commerce）とも呼ばれる。

② クラウド型決済

クラウド型決済は、店舗に設置した端末ではクレジットカード等の入出力、読取だけを行って、それ以外の決済処理を、すべてクラウドを通じて決済代行会社にアウトソースする方式である。従来の方式に比べると、クラウド型決済は次のようなメリットを持っている。

すなわち、従来の方式では、企業が店舗において、クレジットカード等の各種決済手段を扱う場合には、その決済手段を提供する会社と各々契約をし、また、各々システム接続をするといった手間がかかる。しかし、クラウド型決済では、企業は決済代行会社1社と契約を交わすだけで、顧客に対して幅広い決済手段を提供することができる。

また、従来の方式では、店舗の決済情報はアナログ、ＩＳＤＮ回線等で送信されるが、クラウド型決済では、インターネットのブロードバンド回線を利用することから、決済スピードの短縮化を図ることができる。

さらに、従来の方式では、店舗の端末にクレジットカードの情報等が保有されることになるが、クラウド型決済では、そうした顧客情報は決済代行会社の集中管理のもとでセキュア（安全）な環境に置かれることから、セキュリティの強化を図ることができる。

③　金融ＥＤＩ

金融ＥＤＩ（Electronic Data Interchange、電子データ交換）は、決済情報を物流情報に連動させて、企業間決済に関わる取引関連データを電子的に交換する仕組みをいう。すなわち、金融ＥＤＩは、振込データに、受発注や請求といった商流情報を付帯させるＥＤＩで、商品の発注から資金決済までの一連のプロセスを、すべて電子的に行うＳＴＰ（Straight Through Processing）のコンセプトをベースとする仕組みである。

金融ＥＤＩの活用によって、企業は手作業で行ってきた請求データと入金データの照合事務負担を自動処理で行うことができる。

すなわち、請求企業は入金案内が来たところでそれがどの取引に関わる支払いであるかの確

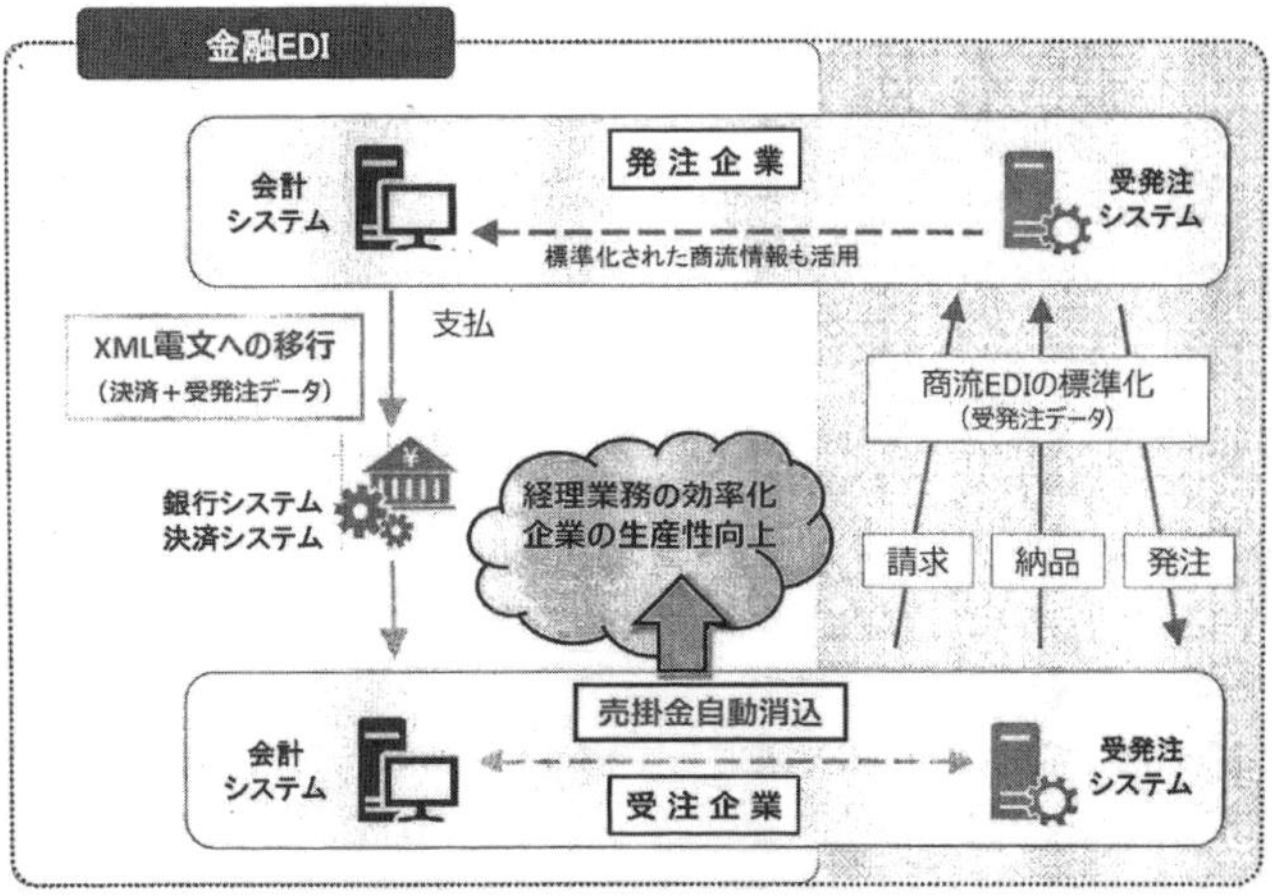

出所：XML電文への移行に関する検討会「総合振込にかかる
XML電文への移行と金融EDIの活用に向けて」2016.12.p.9.

図1　金融EDIによる企業の生産性向上

認のために、売掛金の「消し込み」を行う作業が必要となる。しかし、入金案内の内容には、次のようなケースが混在していて、これを手作業で行う場合には、どの売掛金に該当する入金案内なのかを特定することが困難となることが少なくない。

a　振込人の略称によって特定が困難であるケース

b　振込手数料を差引いた金額で入金案内がされているケース

c　多くの取引に関わる代金を合計して振込まれるケース

しかし、手作業に代えて金融ＥＤＩがこれを行うことにより、事務の正確性の確保と効率化を実現することが可能となる。

(2) 送金

① 国際送金

a　SMS（Short Message Service）送金

通常、個人間で送金を行う場合には、まず受取人が自分の口座番号を支払人に通知して、支払人は、自分の取引金融機関の口座から、または現金を金融機関に渡して受取人の口座に送金をする。その際に支払人は金融機関に手数料を支払い、また資金が届くのは即時ではなく、多かれ少なかれ時間がかかる。

これに対して、SMS送金は金融機関を通すことなく携帯電話を使用して送金するサービスである。SMS送金は金融機関に口座を開設することなく低コストで送金できることから、新興国等から海外に出稼ぎに出た人が家族等に仕送りするケース等に活用されている。

b　TransferWise による国際送金

ロンドンを拠点とするFinTechベンチャー企業のTransferWiseは、A国からB国への送金とB国からA国への送金をできるだけマッチングさせることにより、国を股がる送金を極力節約することにより為替手数料等を削減して、低コストの国際送金を実現している。

TransferWiseでは、創業以来、同社のシステムを使って45億ドルの国際送金が行われたとしている。

なお、こうした送金サービスを行うFinTechベンチャー企業は、このほかにAzimo、CurrencyFair、peerTransfer等がある。

② 国内送金

LINE Payは、LINEを通じてユーザー間での送金等を行うことができるモバイル送金・決済サービスを提供している。具体的には、LINE Pay上から、送金する相手を選択して支払金額、およびメッセージを入力するだけで、手数料無料で相手のLINE Pay口座に支払金額が入金される。

また、楽天銀行はFacebookを利用した送金サービスを提供している。このサービスは、Facebookアカウントを持っていて、楽天銀行口座を保有しているユーザーであれば、振込先の銀行の支店番号や口座番号を知らなくても、Facebookの友達に簡単に振込を行うことができることを特徴としている。

(3) **融資・出資**

① クラウドファンディング、P2Pレンディング

FinTechベンチャー企業が、融資・出資分野を手掛ける代表的な手法に、クラウドファンディングがある。クラウドファンディング(crowd funding)は、資金提供者の応募と資金提供者から資金需要者への資金提供が、FinTechベンチャー企業が提供するオンラインプラットフォームを活用して行われるファイナンスの手法である。

日本におけるクラウドファンディングは、東日本大震災後の募金運動に活用されたことから多くの人々の知るところとなり、その後、社会貢献や数々のプロジェクトの資金調達に活用されている。また、米国では、サブプライム危機とそれに続くリーマンショック、グローバル金融危機によるクレジットクランチ(信用収縮)を契機に、クラウドファンディングが活発化した。なお、欧米では、クラウドファンディングをP2P(Peer to Peer)レンディングと呼ぶことが多い。

② クラウドファンディングの機能

クラウドファンディングは、主として中小企業の資金調達の円滑化に資する機能を持つ。すなわち、クラウドファンディングには、優れたアイディアや技術を持っているものの、金融機関から十分な資金が借りられないといった企業と、資金の提供対象企業の先行きの成長からリターンの獲得を狙う投資家とをマッチングさせる機能がある。

③ クラウドファンディングの種類

クラウドファンディングは、支援者に対するリターンの有無やリターンの種類によって金融型、購入型、寄付型、選択型の4つに大別される。

a　金融型

金銭的なリターンを得るタイプで、リターンの種類によって、さらに次のように分類される。

i　投資型：利益が出た場合に配当を支払うタイプで、ファンド型と株式型がある。

ii　融資型：貸金業法上の契約に基づき、資金提供者が融資し、元利金を受け取るタイプで、なかには、金利はなく元金だけ返済を受けるパターンもある。

b　購入型

民法上の売買契約に基づき、資金提供者が資金拠出の対価として商品やサービス（チケット等）、制作に参加する権利等を取得する、といったeコマースに属するタイプで、報酬型とも呼ばれる。具体例としては、新製品開発、地元産品振興、映画作品、アート作品、音楽、書籍、ゲームソフト等があり、こうしたなかには、実質的に寄付の性格を持つものとか、新製品のテスト販売の性格を持つものもある。

c　寄付型

リターンがない寄付行為のパターンで、支援者はプロジェクトへの貢献を資金提供の形で行い、資金調達者から支援者に資金の活用状況等を知らせるニュースレター等が送付される。具体例としては、被災地支援や、難病患者支援、芸術、スポーツ活動、新興国支援等がある。

d 選択型

ベンチャー企業に対する投資といっても、さまざまなリスク選好を持つ投資家が存在する。そこで、クラウドファンディングを提供するプラットフォームのなかには、投資家に対して、株式投資をするか融資をするか等の選択肢を提供するタイプもある。

(4) 営業支援・財務管理

① 営業支援

FinTechは、マーケティングにも活用されている。その代表例がEBMである。EBM(Event Based Marketing)は、顧客にとって人生の節目となるような重要な出来事(イベント)を起点として顧客に対して最適なタイミングで、最適な商品、サービスの提供を働きかけるマーケティング手法である。こうしたイベントには、就職、結婚、出産、住居購入等があり、また子女の入学、就職、結婚等も含まれる。

横浜銀行では、このEBMを活用して該当する顧客に対して適切な金融商品、サービスの提供を働きかけるよう、担当者に連絡するシステムを構築している。たとえば、担当者に対して、その担当者の「顧客Aさんの口座に〇千万円の入金がありました。Aさんの年齢から退職金と推測されます。ついては、至急その運用方法のアドバイスをしてください」といったメッセージを伝える。また、その際にこれまでのAさんの取引履歴や資産状態等をもとに、どのような提案が良いか計画を立てて具体的な提案内容を担当者に示す。これにより、顧客にとっては、実際にニーズの無いタイミングで、ニーズの無い商品・サービスを提案されるといった煩わしさから解放され、また、担当者にとっては、セールスの切り口を見出すスキルのレベルアップやサービスの均質化を図ることができる。そして、銀行全体としては、顧客ニーズにマッチしたマーケティングをタイミング良く行うことにより、マーケティングの効率化や経費の削減に資することとなる。

② 財務管理

FinTechにより、企業の経理部署が手作業で行ってきたさまざまな事務処理を自動化、合理化することが可能となった。FinTechが対象とする事務処理には、次のようなものがある。

a 売掛金と入金のマッチングによる自動消し込み
b 給与の自動計算
c 経費精算
d 確定申告の自動計算
e 自動仕訳による経理事務

従来の企業の会計処理は、専用の会計ソフトや、銀行との連携ソフトであるファームバンキングソフトが使用されてきた。しかし、クラウドコンピューティングを活用するクラウド型の会計サービスが普及してきており、また、会計サービスにとどまらず、人事管理、顧客管理等を含む企業のバックオフィス業務を統合的に提供するサービスも出現している。なお、クラウドコンピューティングについては後述したい。

(5) 投資アドバイス・資産管理

① ロボ・アドバイザー

ロボ・アドバイザーは、個人の金融資産運用のアドバイザリー業務をコンピュータを駆使して行うファイナンシャル・アドバイザーをいう。

具体的には、顧客がｗｅｂを通して、資産、収入、ローン、家族構成、リスク・リターン選好等の情報をコンピュータに入力すると、コンピュータが当該顧客にマッチした最適ポートフォリオを出力する。さらに、顧客が必要とすれば、それをもとにしてファイナンシャル・アドバイザーがｗｅｂを通して顧客にアドバイスを行ったり、最適ポートフォリオにマッチした運用を企画、実行する。

なお、資金運用アドバイザリー業界では、ロボ・アドバイザーによるアドバイスだけでは物

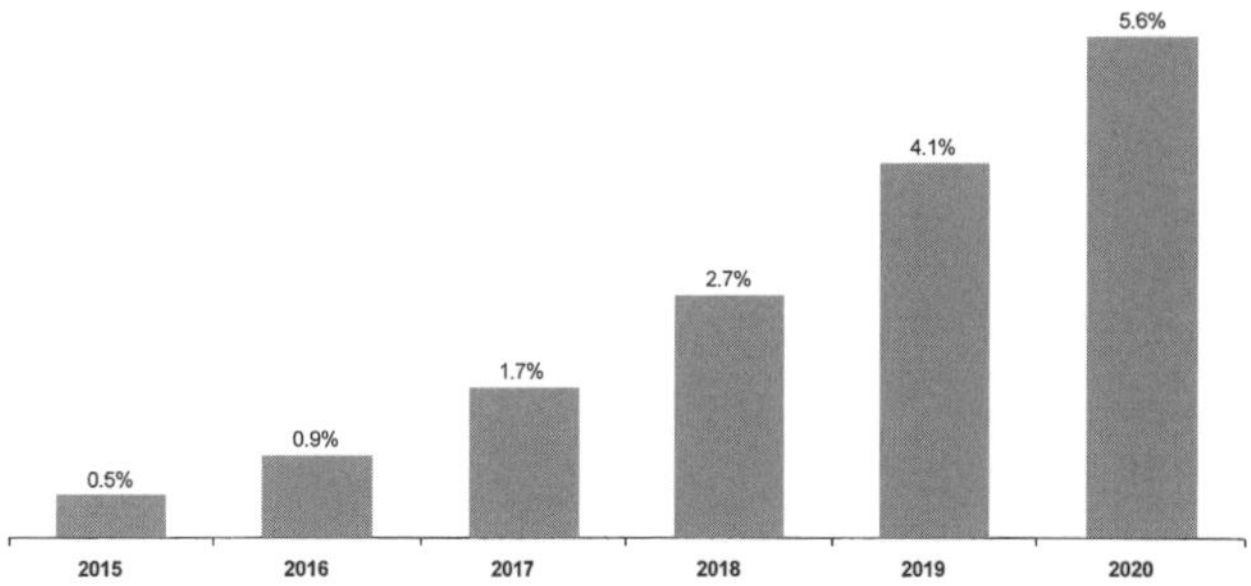

（注）投資資産は、リキッドファンド、課税・非課税投資、401(K)資産等。
出所：A. T. Kearney simulation model.

図2　米国におけるロボ・アドバイザーを活用した資産運用の推計（投資資産全体に対するロボ・アドバイザーを活用した資産の比率）

足りないという顧客のニーズに対応するために、多くの会社がロボ・アドバイザーによるアドバイスと伝統的な対面または電話によるアドバイスを組合せたハイブリッドモデルを導入している。

ロボ・アドバイザーの主な特徴をみると、対面式や電話による資産運用相談にかかる手数料に比べ、ロボ・アドバイザーの手数料は極めて安く、また無料のケースも少なくない。この結果、従来は主として富裕層に利用されていた資産運用のアドバイザリー業務は、一般人にも活用されるようになった。

また、ロボ・アドバイザーによるサービスは、時間、場所を問わず、ユビキタスの環境で提供される。したがって、日中は仕事で相談することができなかった職業人も、スマホ、タブレット端末等を使って、いつでもどこからでも容易に資産運用のアドバイスを求めることができる。

なお、実際の投資は、複数のＥＴＦ（上場投資信託）を組み合わせたポートフォリオとなることが多い。
② ＰＦＭ
ＰＦＭ（Personal Financial Management）は、インターネットを通じて個人の資産や負債を管理するサービスである。
ＰＦＭのサービス内容は、多種多様であるが、そのなかで主要なものをみると次のようになる。
ａ　アカウント・アグリゲーションサービス
顧客が複数の金融機関と取引を行っている場合に、顧客本人の承諾のもとにそれらの資産状況、支出・収入状況を一元的に提供するサービス。
ｂ　支出金額と支出内容の分類
支出金額と資金使途を食費、光熱費等、自動で分類するサービス。
ｃ　レシートの家計簿への記載
レシートをスマホで撮影することにより、項目や店舗を家計簿に自動的に反映させるサービス。

d　収支状況や資産状況のグラフ化
収支の状況や資産の内訳の推移をグラフや表で自動作成するサービス。

(6)　保険

①　保険契約

保険会社は、保険契約のリスク分析と査定、契約内容の決定に、ビッグデータ等を活用することができる。

また、被保険者は、タブレット端末等で年齢の経過により保険契約がどのように変化するかをみることができる。

②　ヘルスケア

FinTechベンチャー企業が、アプリによりヘルスケアサービスを提供するケースがみられる。たとえば、ユーザーがアプリを使って食事や運動の内容のデータを送信すると、人工知能（ＡＩ）がユーザーの生活習慣を分析して、個々人の生活スタイルに合わせてさまざまな改善プランを示すというサービスが提供されている。

また、米国の保険をビジネスとするFinTechベンチャー企業は、保険加入者にリストバンド型ウェアラブルフィットネスモニターを無料配布して、あらかじめ設定された目標歩数を達成すると報償として1日当たり1ドルのアマゾンギフトカードを支給する、といったサービスを提供している。

③ テレマティクス保険

テレマティクス（telematics）は、テレコミュニケーション（通信）とインフォマテクス（情報工学）の合成語で、テレマティクス保険は、テレマティクスを利用して、自動車の走行距離や運転特性の情報を取得、分析して、その情報をもとに保険料を算定する自動車保険である。

テレマティクス保険は、事故リスクをどのように把握するかにより、ＰＡＹＤとＰＨＹＤに分類される。

a ＰＡＹＤ（Pay As You Drive）

走行距離連動型の保険で、走行距離が長いほど保険料は高くなる。

b ＰＨＹＤ（Pay How You Drive）

運転行動連動型の保険で、運転速度や急ブレーキ、急アクセル、ハンドリング等からみて危険運転の度合いが強いほど保険料は高くなる。

国土交通省は、2016年に「自動車関連情報の利活用に関する将来ビジョン検討会」による報告書を公表した。この報告書では、重点テーマの1つとしてテレマティクス等を活用した新たな保険サービスによる安全運転の促進・事故の削減をあげている。

三　FinTechにより活用されている主な技術

以下では、FinTechに活用されている主要なテクノロジーをみることとしたい。

(1)　ビットコインとブロックチェーン

ビットコインはブロックチェーン技術を応用した仮想通貨である。したがって、まずビットコインを概観して、その後、ブロックチェーン技術について述べることにする。

① ビットコイン

ビットコイン(Bitcoin)は、2008年に中本哲史(Satoshi Nakamoto)という名前の人物が、インターネットで公表した論文で提唱したオンライン上の支払いシステムで、仮想通貨の一種である。仮想通貨はデジタル通貨とかデジタルマネーと呼ばれることもある。ビットコインは、物理的な紙幣と異なり仮想通貨であり、その本質はデータそのものである。ビットコインの発行は、採掘(取引の正当性を証明する作業)の報酬として採掘者にビットコインが与えられるという方法で行われる。ビットコインの採掘は、具体的にはビットコインの取引元帳への記録を意味する。ビットコインの採掘には、高性能のコンピュータが必要であり、また複雑な数理プログラムを走らせるためにコンピュータの電力使用量も膨大になることから、電力料金が安い中国で発掘されることが多いといわれている。

仮想通貨の売買を運営する業者には、一般的に取引所と販売所と呼ばれる2種類の形態がある。なお、改正資金決済法では、仮想通貨の売買または他の仮想通貨との交換等を業として行うことを「仮想通貨交換業」として明確に定義して、仮想通貨交換業は、登録を受けた法人でなければ行ってはならない、とされている。登録申請には、財務書類や適切な業務管理が整備されていることを証明する書類等が必要となる。

仮想通貨は、ネット上で取引されることからハッキング等の盗難リスクが存在するほか、匿名性からマネーロンダリング（マネロン）等、違法取引に使われる恐れがある。また、相場の大幅変動のリスクがあることに留意する必要がある。

② ブロックチェーン

ブロックチェーンは、ビットコインを支える技術基盤である。ブロックチェーンの最大の特徴は、取引の正当性が分散型台帳により担保されることにある。

既存システムでは、全ての取引が銀行、証券会社、クレジット会社等の中央管理機関を介して行われるという形で、取引当事者は中央管理機関を介して繋がれている。そして、中央管理機関は、自己が管理する取引データについて正確性をチェックしたうえで、それを記録した台帳を持つことになる。

これに対して、ブロックチェーンでは、ネットワークに繋がったノード（PC）を保有・操作

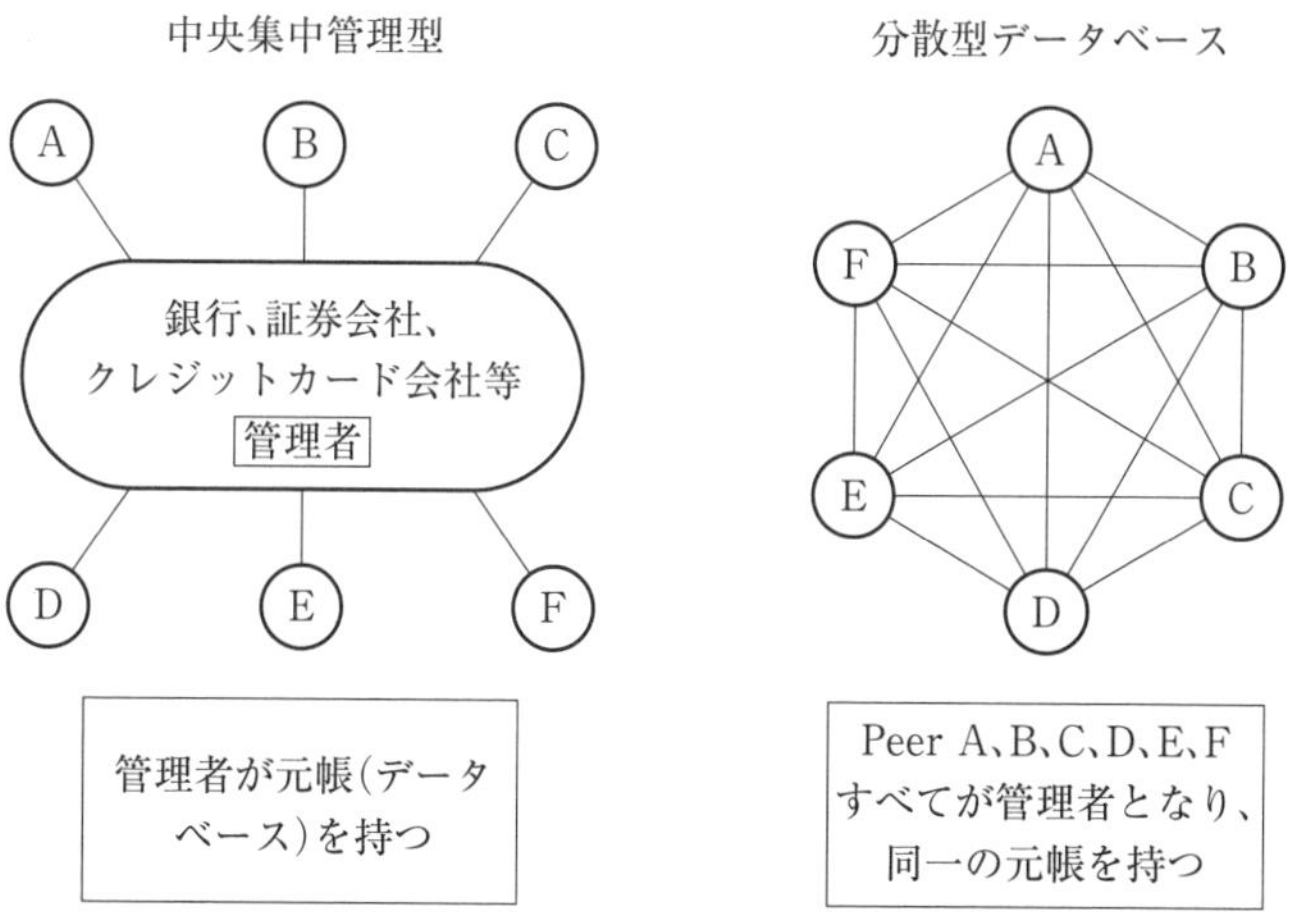

出所：筆者作成。

図3　中央集中管理型と分散型データベース

するpeer（参加者）が、自分が取引したデータだけではなく、すべての取引データを記録した台帳を持つ。これをビットコインでみると、ビットコインの取引情報は、初めてビットコインの取引が行われた2009年1月からのすべての取引データをネットワークに参加している誰でも無料でみることが可能である。

したがって、各ノードがすべて同一の内容の台帳を分散して持つこととなり、これを分散型台帳という。中央管理機関が存在しないブロックチェーンでは、取引の正確性のチェックは、ネットワークに繋がったノードを保有・操作するpeer（参加者）により行われる。

そして、こうした保存された取引データ

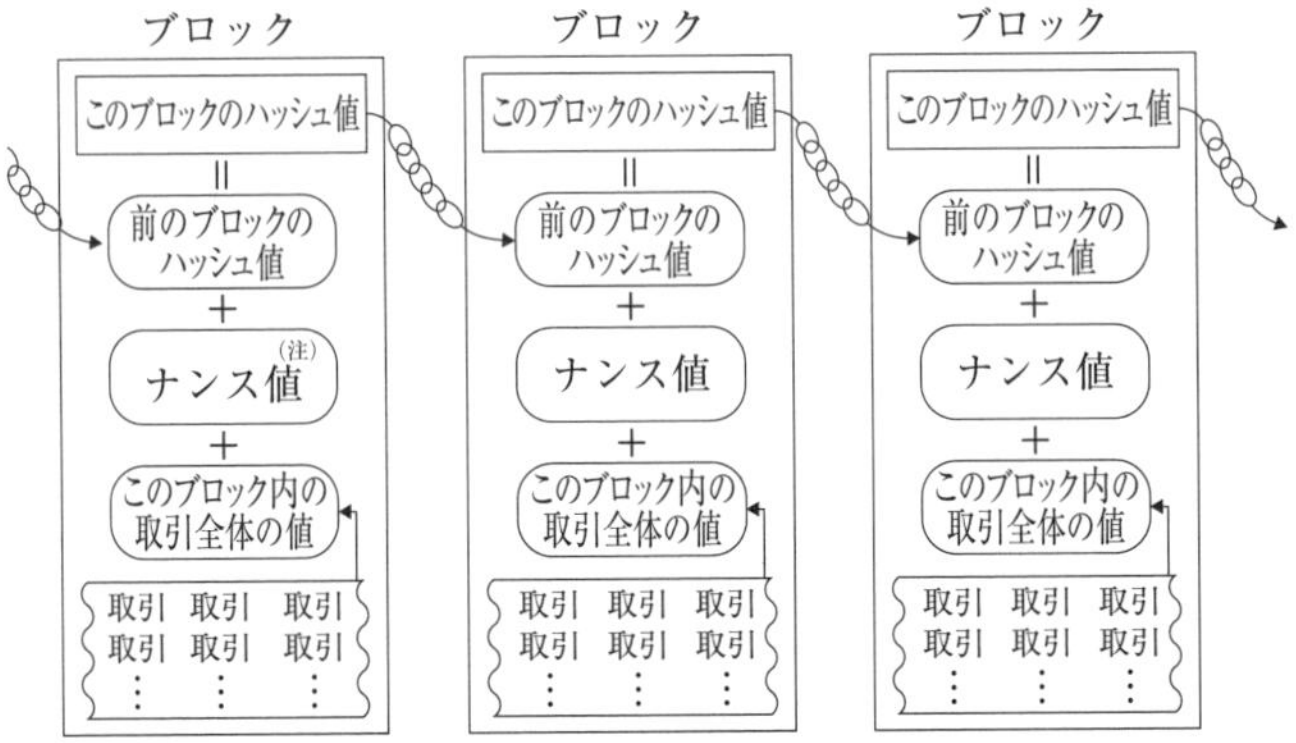

(注)　ナンス(nonce、ノンスともいう)は、任意の値で、ハッシュ値を満たすナンスを見出すために総当たり的に計算を行うことになる。なお、nonce は、number used once(使い捨ての数字)の略。
出所：各種資料をもとに筆者作成。

図４　ブロックチェーンの概念図

の履歴のかたまりがブロックである。すなわち、ブロックは取引台帳を構成する1ページであり、ブロックは時系列に繋がれていることからブロックチェーンと呼ばれる。したがって、ブロックチェーン全体は、すべての取引を記帳した総取引台帳であると考えることができる。

ところで、取引の正確性のチェックは、前述のとおりネットワークに繋がった参加者により行われるが、そのためのインセンティブとして正確性の証明に成功した参加者にはビットコインが与えられることになっている。したがって、参加者は競って proof-of-work と呼ばれる取引の正当性の証明作業を行うことになる。この proof-of-work は、総当たりの試行を繰り返さなければならないように設計されていることから膨大な計算量が必要となり、大量の電力を使用して大容量のコンピュータを稼働させる必要がある。そして、報酬を得るために競って取引データの承認を行うことを採鉱になぞらえてmining、参加者を鉱夫になぞらえてminerと呼んでいる。

金融・証券業界によるブロックチェーンの活用は、決済、送金、融資、証券取引の記録・管理、保険等と幅広い分野が考えられ、また不動産取引等でも活用されるポテンシャルを持っている。

現在、ブロックチェーンの実用化に向けていくつかのプロジェクトが立ち上がっており、さまざまな実証実験が行われている状況にある。

(2) 人工知能

① 人工知能と機械学習

人工知能（Artificial Intelligence、ＡＩ）は、知的なコンピュータプログラムを作る科学技術で、機械学習と呼ばれる技術が活用されることが一般的である。機械学習では、大量のデータをもとにしてコンピュータに学習を行わせることにより、コンピュータがそのデータのなかから一定の法則を見出して、その法則を活用することにより、データの分類や予測を行う。

② ディープラーニング

a ディープラーニングと特徴量

人工知能は、ディープラーニング(deep learning、深層学習)により、その活用が大きく進展した。従来の人工知能では、学習データを用意する段階、分析ロジックを考える段階、正誤判定を行う段階の各段階で必ず人間が介在する必要があった。たとえば、画像認識では、人間を認識するための輪郭、人の顔を認識するための局所の明暗差等の構造データを用意して、これが何を意味するかを分析し、対象物ごとに何が特徴であるかを人間が指定する、というように人手の介在が必要であった。そして、このように、対象物の面積、幅、長さ、明暗等の特徴を機械的に捉えたデータを「特徴量」と呼んでいる。

しかし、ディープラーニングは、これまで人間が手作業で行ってきた特徴量の抽出を人工知能が行い、また人工知能が抽出したデータの分析を繰り返し行うことにより誤差が極小化される、というように、これまで人間が行っていたことをすべて人工知能が行い、人間の介在を無くした。

b 技術的特異点と2045年問題

技術的特異点は、ＩＴの発達により人口知能が人間の知能を超えると予想される時点をいう。技術的特異点は、半導体の集積密度は1年半で倍増する等、コンピュータ技術の加速度的な進歩を予測したゴードン・ムーアが提起した「ムーアの法則」の流れを継ぐものである。
レイ・カーツワイルは、技術的特異点の用語を広めた米国の人工知能研究の世界的権威者であり実業家である。カーツワイルによれば、人工知能が自らを動かしているプログラムを自らが改良するというように、ムーアの法則で考えられた速度を上回る指数関数的な進化を遂げて、2040年代前半には人工知能が人間の総和としての知能を超えて、それ以降の展開は人間が予測不可能となる、としている。これは「2045年問題」として知られるところである。

③　Pepper と Watson

a　Pepper

Pepper は、ソフトバンクモバイルと仏会社アルデバランロボティクスの共同開発による人間の感情を認識できる能力を持つロボットである。

出所：ソフトバンク。

図5　Pepper

Pepper は、Pepper（一般販売モデル）と、Pepper for Biz（法人向けモデル）が販売されているが、このうち Pepper for Biz をみると、接客、インバウンド、ヘルスケア、受付等の機能のほかに、「来店者への声かけ」→「商品紹介」→「アンケート」といった一連のロボアプリの流れがセットされたテンプレートが用意されている。また、外国語対応(英語、中国語)の機能も追加されている。

b　Watson

IBM Watsonは、ディープラーニングを備えた人工知能として商品化されている代表的なコンピュータシステムである。

IBM Watsonは、自然言語の処理(構造化データのみならず、非構造化データを読み取り処理する能力)、仮説の生成と評価(あいまいな課題であっても自ら仮説を立てて推論や予測する能力)、自己学習と能動的な知識の蓄積(過去の経験から学習効果を発揮し、進化する能力)の3つの機能を統合したプラットフォームで、IBMではこれを自ら思考するシステムとの意味を込めて「コグニティブ・システム」(認識システム)と呼んでいる。

(3)　**クラウドコンピューティング**

①　従来の方式とクラウドコンピューティングの比較

ユーザーが情報通信ネットワークを通じてサービスを受ける場合に、従来の方式では、ネットワークからサーバーに明示的にアクセスするという形で、ユーザーがサーバーを意識してサービスの提供を受けることとなる。

これに対して、クラウドコンピューティングは、ユーザーがサービスの提供者から情報処理機器や情報処理機能の提供を受ける場合に、ユーザーがどの施設から、またどの機器からサービスの提供を受けているか意識する必要のない方式である。

このシステムをクラウドコンピューティング(cloud computing)と呼ぶのは、システムの構成を示す場合にネットワークの向こう側を雲(クラウド)のマークで表す慣行があることによる。クラウドコンピューティングは、単に「クラウド」と呼ぶことが一般的となっている。

② クラウドの仕組みと提供するサービス

クラウドでは、サービス提供者(ベンダー)がデータセンターに多数のサーバーを用意する。そして、ベンダーは、ユーザーがインターネットを通じてデータセンターのサーバーに保管してあるソフトウェアやデータ等を利用できるようなシステムを構築する。ユーザーは、クラウドを活用することにより、オンデマンドでサーバーにアクセスして、種々のサービスを得ることができる。

クラウドは、それが提供するサービスによってSaaS、PaaS、IaaSの3種類に分類される。

a　SaaS：ソフトウェアを提供するサービス。ユーザーは、プロバイダーの提供するソフトウェアを利用することができる。

b　PaaS：プラットフォームを提供するサービス。ユーザーはPaaSの活用によって、即座にOS、データベースやアプリ等のミドルウェアがセットアップされた環境を利用することができる。

c　IaaS：インフラを提供するサービス。ユーザーはIaaSの導入によって、自身でインフラを持つことなく、ユーザーニーズに沿ったシステムを構築、利用することができる。

③　クラウドのメリット

クラウドの活用により、ユーザーは、クラウド内のインフラ、ソフトウェア、プラットフォームを所有することなく、回線の設置・維持やネットワークの構築・管理をデータセンターにアウトソーシングすることになる。この結果、ユーザーはシステム構築・維持の手間と時間とコストを節減するといった「持たざる経営」のメリットを享受することができる。

また、クラウドは、多くの人が共同でインフラや機器等を使用することから、閑散期でニーズが低調な時には、クラウドからのサービスを少なくして、繁忙期にはサービスの供給を増やすといった形で、クラウドの持つ可用性、拡張性を活用することができる。

さらに、ユーザーは、パソコン、携帯、スマホ、タブレット端末等、さまざまな端末から、いつでもどこからでもネットワークにアクセスして、どこに配置されているどのサーバーかを知ることなく、サービスの提供を受けることが可能となる。

(4) ビッグデータ

ビッグデータは、大容量で多様なデータを意味するとともに、そうしたデータを分析してビジネスに有効活用する仕組みを意味する。ＩＴの進展によって、日々生みだされるデータは量的に膨大なものとなり、また質的にも多様化、複雑化の一途を辿っている。

ビッグデータを活用することによって、従来は困難であった膨大で複雑なデータをコンピュータによって解析することができ、この結果、有益な情報を見出してビジネスに役立てることが可能となる。

① ビッグデータの３Ｖ

ビッグデータは、大容量性(volume)、多様性ないし非定形性(variety)、リアルタイム性ないしデータの入力と出力の即時性(velocity)の３Ｖで定義される。

a 大容量性：事象を構成する個々の要素に分解し、把握・対応することを可能とするデータ。たとえば、単に年齢が○代の男性のデータというのではなく、特定の個人のデータであることを識別できる詳細さを持ったデータ。

b 多様性ないし非定形性：各種センサーからのデータ等、非構造化のものも含む多種多様なデータ。数値のみではなく、映像・音声データ等の多様なフォーマットを利用する。

c リアルタイム性ないしデータの入力と出力の即時性：リアルタイムデータ等、取得・生成頻度の時間的な解像度が高いデータ。たとえば、1年間とか1か月に1回計測されているというのではなく、リアルタイムと認識できるほどに計測頻度が多いデータ。

② 匿名加工情報

匿名加工情報とは、個人情報を特定の個人と識別することができないように加工して、それを復元することができないようにした情報を意味する。2015年の個人情報保護法の改正(2017年9月施行)では、匿名加工情報に関する規定の整備が行われている。

匿名加工情報は、個人情報取得の際の利用目的にとらわれることなく利用可能であり、また、本人の同意なく第三者に提供することができる。こうした匿名加工情報に関わる制度的な規定は、欧米においてもみられない先進的なものとされている。

匿名加工情報の作成方法は、新設の個人情報保護委員会が設定した基準に従うことになる。また、仮に匿名加工情報の加工方法が公になると、個人情報の復元により個人の識別が可能となる恐れがあり、その取扱いについて安全管理措置を講ずることがきわめて重要となる。

(5) IoT

IoT(Internet of Things、モノのインターネット)は、パソコンやスマホ等の情報機器に限らず、さまざまな物体(モノ)にセンサーや制御装置等の通信機能を持たせて、インターネットにこれを接続して通信させる技術、またはそうした技術を活用することにより提供されるサービスを意味する。

ＩｏＴで扱われるデータは、一般的に小規模データであり、したがって、ナローバンドでの通信で実施される。また、モノが電源を持たない場合には、低消費電力の通信手段を使うことが必要となる。

ＩｏＴは、環境の把握、動きの把握、位置の把握等に活用されている。現在、特にＩｏＴが活用されている代表例は、テレメータとテレマティクスである。

①　テレメータ

テレメータ(telemeter)は、遠隔にあるガス検針器、自動販売機、エレベータ、駐車場等の監視、管理を行うＩｏＴである。検針器や自動販売機、エレベータ、駐車場の発券機等のデバイスに通信機器を組み込んで、モバイル回線を通じてネットワークに接続することによって、遠隔からでも使用・売上げ状況、在庫、稼働状況、故障等の情報を確認することが可能となる。

②　テレマティクス

テレマティクス(telematics)は、移動体に通信機器を組み込んで、情報提供サービスをリアルタイムで行うＩｏＴである。テレマティクスは、宅配車両の追跡サービス等に活用されている。また、前述のとおり、テレマティクスを活用した保険も販売されている。

四　伝統的な金融機関とFinTech

以上みてきたように、FinTechベンチャー企業は、さまざまな金融分野を対象にビジネスを展開している。それでは、こうしたFinTechベンチャー企業の台頭に既存の金融機関はどのように対応すべきか。

(1)　自前主義とインバウンド型

FinTechへの金融機関の対応には、2つのアプローチが考えられる。

第1は、金融機関自身がFinTechを開発、導入する「自前主義」のアプローチである。金融機関のIT投資は、既存のシステムの維持、更新が中心の「守りの投資」となっているが、デジタル革命に乗り遅れないように、金融ビジネスの改革を目的とした「攻めの投資」を行うアプローチである。

第2は、FinTechベンチャー企業との提携や、それを買収してFinTechベンチャー企業の持つ革新的な技術、ノウハウを社内に取り込む「インバウンド型」のアプローチである。

このうち、第1の自前主義のアプローチで行くと、金融機関のフレームワークのレガシーのなかで新たな金融サービスを立ち上げるために、人的な負担、物的なコスト増、さらには時間を要するといった問題がある。そこで、金融機関がFinTechに対応するアプローチの主流は、第2のFinTechベンチャー企業との提携や買収となっている。

(2) エコシステム

エコシステムは、複数の企業が連関しながらイノベーションを生み出し、共存共栄を指向するIT戦略をいう。これを金融機関とFinTechベンチャー企業との関係でみると、エコシステムは、金融機関がFinTechベンチャー企業を発掘してその育成をサポートすることにより、最終的にはFinTechベンチャー企業が開発した金融商品や金融サービスを事業化するという一連のサイクルで構築されたシステムを意味する。

しかしながら、FinTechベンチャー企業のサイドからみた場合には、金融機関の敷居の高さ、意思決定過程の複雑さとそのスピード感の違い、IT分野への不適切または過剰な介入、ビジネスの横展開に対する制約等、金融機関と協調行動をとるに際してのさまざまな障害を強く意識することが少なくない考えられる。

金融機関は、こうした問題を十分認識して、金融機関とFinTechベンチャー企業との間にある心理的な壁を取り除いて対応することが重要となる。

(3) ハッカソンとアクセラレータプログラム

エコシステムを促進するイベントとして、ハッカソンとアクセラレータプログラムがある。

このうち、ハッカソン(hackathon)は、ハック(hack、プログラミングを行う)とマラソン(marathon)の合成語で、プログラマーやデザイナー、プロジェクトマネージャー等が与えられた時間内でプログラミングを行い、その成果を競い合うイベントである。

ハッカソンは、企業が自社内で各種の複雑な課題を解決するために多大のエネルギーを使うより、積極的に外部の知恵を活用してソフトウェア技術のスピーディな開発や技術革新等により、顧客、企業、サプライヤーのために新たな価値を創造するという「共創」を実現するオープンイノベーションの1つの手段として注目されている。

一方、アクセラレータプログラムは、ベンチャー企業に対して数か月間程度の短期集中の育成プログラムを実施したうえで、ベンチャーキャピタルやエンジェル投資家に対するデモンストレーションを実施して、さらなる開発のためのファイナンスを募る、といったプログラムである。アクセラレータプログラムでは、メンターと呼ばれる指導者が専門的なアドバイスを行うことが大きな特徴となっている。

おわりに

FinTech は、ITの進展等の環境変化から顧客のニーズが多種多様な展開をみせるなかで、カスタマーファーストの視点からそうしたニーズを嗅覚鋭くかぎ分けて汲み取り、スピーディにかつ低コストでビジネス化するところに大きな特徴がある。

このように、FinTech のドライバーとなる要素は、顧客の貪欲なニーズと、それに機動的に応える FinTech ベンチャー企業である。

こうした背景を考えると、FinTech は決して一時的な流行といったものではなく、金融ビジネスを根本から構造変革するポテンシャルを持つダイナミズムが具現化したものとみるべきである。そして、今後、日本において FinTech の威力が存分に発揮されるためのキーワードは、既存金融機関と FinTech ベンチャー企業との競争と協調によるエコシステムの形成である。

この点について、麻生太郎副総理・財務大臣・金融担当大臣が、次のように極めて端的に述べている。

「背広、ネクタイの銀行のおじさんが、Tシャツ、ジーパンのお兄さんと一緒に仕事ができる。その二つが組み合わさって新しいものができるのだと思います。

……(FinTech は) 極めて異端なものにみられる可能性もありますが、その中から新しいものが生まれます。そういったものがどんどん出てくる場に日本は必ずなっていく。アイディアだけではなく、それを作れるものづくりの技術の両方があって(FinTechは)初めて普及していくものだと思っています(注)」。

(注) 日本経済新聞「異端から革新生まれる――金融庁と日本経済新聞社主催による『FinSum:フィンテック・サミット』における麻生大臣挨拶」2016.9.21等から

参考文献
アクセンチュア株式会社「フィンテック 金融維新へ」日本経済新聞出版社、2016.6.23
Mark Carney "Enabling the FinTech transformation – revolution, restoration, or reformation?" the Bank of England 2016.6.16等

執筆者紹介（執筆順）

柳田義継（やなぎだ　よしつぐ）教授・経営学・経営情報論・電子商取引
永松陽明（ながまつ　あきら）横浜市立大学准教授・経営情報論・技術経営論
高橋篤史（たかはし　あつし）兼任講師・インターネットビジネス・インターネット起業
浮田善文（うきた　よしふみ）教授・機械学習・人工知能・統計学
吉田隆弘（よしだ　たかひろ）准教授・情報理論とその応用
金森孝浩（かなもり　たかひろ）兼任講師・経営情報論・ＩＣＴサービスイノベーション
可児　滋（かに　しげる）特任教授・デリバティブ・コーポレートファイナンス・金融・証券投資・国際金融

平成三〇年三月二五日　印刷
平成三〇年三月三〇日　発行

最新の情報技術と私たちの暮らし

編　者　横浜商科大学公開講座委員会

発行者　岸村正路

発行所　株式会社　南窓社
東京都千代田区西神田二丁目四番六号
電話　〇三―三二六一―七六一七
E-mail　nanso@nn.iij4u.or.jp
振替　〇〇一一〇―〇―九六三六二

ISBN978-4-8165-0439-6

横浜商科大学公開講座

1．情報化と社会
（日本図書館協会選定図書）
本体2000円

2．環境変化と組織・人間
（日本図書館協会選定図書）
本体2000円

3．転換期を考える
本体2000円

4．国際化時代の日本社会
本体2000円

5．「豊かさ」と社会
（日本図書館協会選定図書）
本体2800円

6．90年代の経済と市民
本体2300円

7．激動の時代を生きる
本体2621円

8．これからの世界と日本
本体3107円

9．新しい国際秩序と日本の役割
本体3107円

10．変革と挑戦の時代
本体3500円

11．日本の「いま」を問う
本体2900円

横浜商科大学公開講座

12. 転機に立つ日本
本体2800円

13. 日本の課題
本体2600円

14. 世紀転換期のビジネスと社会
本体2600円

15. 人と地球環境との調和
本体2600円

16. 21世紀へのツーリズム
本体2700円

17. 危機の時代と危機管理
本体2700円

18. IT 革命と新世紀の社会
本体2700円

19. 再考・東アジアの21世紀
本体2800円

20. グローバリゼーションの衝撃と課題
本体2800円

21. 民主主義の現在
本体2700円

22. 暮らしと文化の未来展望
本体2800円

23. アクティブ・シニアの時代を拓く
本体2600円

横浜商科大学公開講座

24. 検証・日本の実力
本体2600円

25. 日本のビジョン
本体2690円

26. 歴史研究から学ぶ
（日本図書館協会選定図書）
本体2690円

27. 現代社会の諸問題をキーワードで解く
本体2690円

28. インターナショナルな「地方」の視座
本体2750円

29. 震災後、日本のかたち
本体2750円

30. 日本の「いま」を見つめる
本体2690円

31. 実学「商い」の原点
本体2700円

32. 現代の課題　グローバル化とナショナリズム
本体2700円

33. 観光のインパクト
本体2600円